OEUVRES
COMPLETES
D'HELVÉTIUS.

TOME SEPTIEME.

A PARIS,

DE L'IMPRIMERIE DE P. DIDOT L'AÎNÉ.

L'AN IIIe DE LA RÉPUBLIQUE.

1795.

ŒUVRES

COMPLETES

D'HELVÉTIUS.

TOME SEPTIEME.

DE L'HOMME,

DE

SES FACULTÉS

INTELLECTUELLES,

ET DE

SON ÉDUCATION.

Honteux de m'ignorer,
Dans mon être, dans moi, je cherche à pénétrer.

VOLTAIRE, Disc. 6
de la nature de l'Homme.

I.

PRÉFACE.

L'AMOUR des hommes et de la vérité m'a fait composer cet ouvrage. Qu'ils se connoissent, qu'ils aient des idées nettes de la morale, ils seront heureux et vertueux.

Mes intentions ne peuvent être suspectes : si j'eusse donné ce livre de mon vivant, je me serois exposé à la persécution, et n'aurois accumulé sur moi ni richesses ni dignités nouvelles.

Si je ne renonce point aux principes que j'ai établis dans le livre de l'*Esprit*, c'est qu'ils m'ont paru les seuls raisonnables, les seuls, depuis la publication de mon livre, que les hommes éclairés aient assez généralement adoptés.

Ces principes se trouvent plus étendus et plus approfondis dans cet ouvrage que dans celui de l'*Esprit*. La composition de ce livre a réveillé en moi un certain nombre d'idées. Celles qui se sont trouvées moins étroitement liées à mon sujet sont en notes, transportées à la fin de chaque section. Les seules que j'ai conservées dans le texte sont celles qui peuvent ou l'éclaircir ou répondre à des objections que je n'aurois pu réfuter sans en alonger et en retarder la marche.

La section seconde est la plus chargée de ces notes ; c'est celle dont les principes, plus contestés, exigeoient l'accumulation d'un plus grand nombre de preuves.

En donnant cet ouvrage au public, j'observerai qu'un écrit lui paroît méprisable, ou parceque l'auteur ne se donne pas la peine nécessaire pour le bien faire, ou parcequ'il a peu d'esprit, ou parcequ'enfin il n'est pas de bonne foi avec lui-même. Je n'ai rien à me reprocher à ce dernier égard. Ce n'est plus maintenant que dans les livres défendus qu'on trouve la vérité : on ment dans les autres. La plupart des auteurs sont dans leurs écrits ce que les gens du monde sont dans la conversation : uniquement occupés d'y plaire, peu leur importe que ce soit par des mensonges ou par des vérités.

Tout écrivain qui desire la faveur des puissants et l'estime du moment en doit adopter les idées ; il doit avoir l'esprit du jour, n'être rien par lui, tout par les autres, et n'écrire que d'après eux : de là le peu d'originalité de la plupart des compositions. Les livres originaux sont semés çà et là dans la nuit des temps, comme les soleils dans les déserts de l'espace, pour en éclairer l'obscurité. Ces livres font époque dans l'histoire de l'esprit humain, et c'est de leurs principes qu'on s'élève à de nouvelles découvertes.

Je ne serai point le panégyriste de cet ouvrage ; mais j'assurerai le public que, toujours de bonne foi avec moi-même, je n'ai rien dit que je n'aie cru vrai, et rien écrit que je n'aie pensé.

Peut-être ai-je encore trop ménagé certains préjugés : je les ai traités comme un jeune homme traite une vieille femme, auprès de laquelle il n'est ni grossier ni flatteur. C'est à la vérité, que j'ai consacré mon premier respect ; et ce respect donnera sans doute quelque prix à cet écrit. L'amour du vrai est la disposition la plus ſavorable pour le trouver.

J'ai tâché d'exposer clairement mes idées : je n'ai point, en composant cet ouvrage, desiré la faveur des grands. Si ce livre est mauvais, c'est parceque je suis *sot*, et non parceque je suis *frippon* : peu d'autres peuvent se rendre ce témoignage.

Cette composition paroîtra hardie à des hommes timides. Il est dans chaque nation des moments où le mot *prudent* est synonyme de *vil*, où l'on ne cite comme sagement pensé que l'ouvrage servilement écrit.

C'étoit sous un ſaux nom que je voulois donner ce livre au

public; c'étoit, selon moi, l'unique moyen d'échapper à la persécution sans en être moins utile à mes compatriotes. Mais, dans le temps employé à la composition de l'ouvrage, les maux et le gouvernement de mes concitoyens ont changé. La maladie à laquelle je croyois pouvoir apporter quelque remede est devenue incurable: j'ai perdu l'espoir de leur être utile; et c'est à ma mort que je remets la publication de ce livre.

Ma patrie a reçu enfin le joug du despotisme; elle ne produira donc plus d'écrivains célebres. Le propre du despotisme est d'étouffer la pensée dans les esprits, et la vertu dans les ames.

Ce n'est plus sous le nom de Français que ce peuple pourra de nouveau se rendre célebre; cette nation avilie est aujourd'hui le mépris de l'Europe (a). Nulle crise salutaire ne lui rendra la liberté ; c'est par la consomption qu'elle périra ; la conquête est le seul remede à ses malheurs, et c'est le hasard et les circonstances qui décident de l'efficacité d'un tel remede.

Dans chaque nation il est des moments où les citoyens, incertains du parti qu'ils doivent

(a) Il faut faire attention que l'auteur écrivoit cette préface un an avant sa mort, dans l'époque de beaucoup de changements dans la monarchie.

prendre, et suspendus entre un bon et un mauvais gouvernement, éprouvent la soif de l'instruction; où les esprits, si je l'ose dire, préparés et ameublis, peuvent être facilement pénétrés de la rosée de la vérité. Qu'en ce moment un bon ouvrage paroisse, il peut opérer d'heureuses réformes; mais, cet instant passé, les citoyens, insensibles à la gloire, sont par la forme de leur gouvernement invinciblement entraînés vers l'ignorance et l'abrutissement. Alors les esprits sont la terre endurcie; l'eau de la vérité y tombe, y coule, mais sans la féconder. Tel est l'état de la France.

On y ſera de jour en jour moins de cas des lumieres, parcequ'elles y seront de jour en jour moins utiles ; parcequ'elles éclaireront les Français sur le malheur du despotisme, sans leur procurer le moyen de s'y soustraire.

Le bonheur, comme les sciences, est, dit-on, voyageur sur la terre. C'est vers le nord qu'il dirige maintenant sa course ; de grands princes y appellent le génie, et le génie la félicité.

Rien aujourd'hui de plus différent que le midi et le septentrion de l'Europe. Le ciel du sud s'embrume de plus en plus par les brouillards de la superstition et d'un despotisme asiatique; le ciel du nord chaque jour s'éclaire et se purifie. Les Catherine II, les Fréderic, veulent se rendre chers à l'humanité (a); ils sentent le prix de la vérité; ils encouragent à la dire; ils estiment jusqu'aux efforts faits pour la découvrir. C'est à de tels souverains que je dédie cet ouvrage; c'est par eux que l'univers doit être éclairé.

(a) C'est au moment que la marche rapide du despotisme en France affligeoit Helvétius qu'il parloit ainsi des puissances du nord. Les sages qui voient le malheur des peuples n'ont d'autres moyens d'adoucir la férocité des tigres qui les gouvernent qu'en leur offrant la perspective de la gloire, et en les encourageant au bien qu'ils font ou qu'ils promettent de faire.

Les soleils du midi s'éteignent, et les aurores du nord brillent du plus vif éclat. C'est du septentrion que partent maintenant les rayons qui pénetrent jusqu'en Autriche ; tout s'y prépare pour un grand changement. Le soin qu'y prend l'empereur d'alléger le poids des impôts et de discipliner ses armées prouve qu'il veut être l'amour de ses sujets, qu'il veut les rendre heureux au dedans et respectables au dehors. Son estime pour le roi de Prusse présagea dès sa plus tendre jeunesse ce qu'il seroit un jour. On n'a d'estime sentie que pour ses semblables.

DE L'HOMME,

DE SES FACULTÉS INTELLECTUELLES, ET DE SON ÉDUCATION.

INTRODUCTION.

La science de l'homme, prise dans toute son étendue, est immense; son étude, longue et pénible. L'homme est un modele exposé à la vue des différents artistes; chacun en considere quelques faces, aucun n'en a fait le tour.

Le peintre et le musicien connoissent l'homme, mais relativement à l'effet des couleurs et des sons sur les yeux et sur les oreilles.

Corneille, Racine et Voltaire, l'étudient, mais relativement aux impressions qu'excitent en lui les actions de grandeur, de tendresse, de pitié, du fureur, etc. Les Moliere et les la Fontaine ont considéré les hommes sous d'autres points de vue.

Dans l'étude que le philosophe en fait, son objet est leur bonheur. Ce bonheur est dépendant, et des lois sous lesquelles ils vivent, et des instructions qu'ils reçoivent. La perfection de ces lois et de ces instructions suppose la connoissance préliminaire du cœur, de l'esprit humain, de leurs diverses opérations, enfin des obstacles qui s'opposent aux progrès des sciences de la morale, de la politique, et de l'éducation. Sans cette connoissance, quels moyens de rendre les hommes meilleurs et plus heureux? Le philosophe doit donc s'élever jusqu'au principe simple et productif de leurs facultés intellectuelles et de leurs passions, ce principe seul qui peut lui révéler le degré de perfection auquel peuvent se porter leurs lois et leurs instructions, et lui découvrir quelle est sur eux la puissance de l'éducation.

Dans l'homme j'ai regardé l'esprit, la vertu, et le génie, comme le produit de l'instruction. Cette idée, présentée dans le livre de l'*Esprit*, me paroît toujours vraie; mais peut-être n'est-elle pas assez prouvée. On est convenu avec moi que l'éducation avoit sur le génie, sur le caractere des hommes et des peuples, plus d'influence qu'on ne l'avoit cru : c'est tout ce qu'on m'a accordé.

L'examen de cette opinion sera le premier de cet ouvrage. Pour élever l'homme, l'instruire, et le rendre heureux, il faut savoir de quelle instruction et de quel bonheur il est susceptible. Avant d'entrer en matiere, je dirai un mot, 1°. de l'importance de cette question, 2°. de la fausse science à laquelle on donne encore le nom d'éducation, 3°. de la sécheresse du sujet, et de la difficulté de le traiter.

I. *Importance de cette question.*

S'il est vrai que les talents et les vertus d'un peuple assurent et sa puissance et son bonheur, nulle question plus importante que celle-ci :

SAVOIR,

Si dans chaque individu les talents et les vertus sont l'effet de son organisation ou de l'instruction qu'on lui donne. Je me propose de prouver ici ce qui n'est peut-être qu'avancé dans le livre de l'*Esprit.*

Si je démontrois que l'homme n'est vraiment que le produit de son éducation, j'aurois sans doute révélé une grande vérité aux nations. Elles sauroient qu'elles ont entre leurs mains l'instrument de leur grandeur et de leur félicité, et que, pour être heureuses et puissantes, il ne s'agit que de perfectionner la science de l'éducation.

Par quel moyen découvrir si l'homme est en effet le produit de son instruction ? par un examen approfondi de cette question. Cet examen n'en donnât-il pas la solution, il faudroit encore le faire : il seroit utile, il nous nécessiteroit à l'étude de nous-mêmes. L'homme n'est que trop souvent inconnu à celui qui le gouverne. Cependant pour diriger les mouvements de la poupée humaine il faudroit connoître les fils qui la meuvent. Privé de cette connoissance, qu'on ne s'étonne point si les mouvements sont souvent si contraires à ceux que le législateur en attend.

Un ouvrage où l'on traite de l'homme, s'y fût-il glissé quelques erreurs, est toujours un ouvrage précieux. Quelle masse de lumieres la connoissance de l'homme ne jetteroit-elle pas sur les diverses parties de l'administration! L'habileté de l'écuyer consiste à savoir tout ce qu'il peut faire exécuter à l'animal qu'il dresse; et l'habileté du ministre à connoître tout ce qu'il peut faire exécuter aux peuples qu'il gouverne.

La science de l'homme fait partie de la science du gouvernement (1). Le ministre doit y joindre celle des affaires (2). C'est alors qu'il peut établir de bonnes lois.

Que les philosophes pénetrent donc de plus en plus dans l'abyme du cœur humain; qu'ils y cherchent tous les principes de son mouvement; et que le ministre, profitant de leurs découvertes, en fasse, selon les temps, les lieux, et lès circonstances, une heureuse application.

Regarde-t-on la connoissance de l'homme comme absolument nécessaire au législateur? Rien de plus important que l'examen d'un problême qui la suppose.

Si les hommes, personnellement indifférents à cette question, ne la jugeoient que relativement à l'intérêt public, ils sentiroient que, de tous les obstacles à la perfection de l'éducation, le plus grand c'est de regarder les talents et les vertus comme un effet de l'organisation. Nulle opinion ne favorise plus la paresse et la négligence des instituteurs. Si l'organisation nous fait presque en entier ce que nous sommes, à quel titre reprocher au maître l'ignorance et la stupidité de ses éleves? Pourquoi, dira-t-il, imputer à l'instruction les torts de la nature? Que lui répondre? Et, lorsqu'on admet un principe, comment en nier la conséquence immédiate?

Au contraire, si l'on prouve que les talents et les vertus sont des acquisitions, on aura éveillé l'industrie de ce maître, et prévenu sa négligence; on l'aura rendu plus soigneux et d'étouffer les vices et de cultiver les vertus de ses disciples. Le génie, plus ardent à perfectionner les instruments de l'éducation, appercevra peut-être dans une infinité de ces attentions de détail, regardées maintenant comme inutiles, les germes cachés de nos vices, de nos vertus, de nos talents, et de notre sottise. Or qui sait à quel point le génie porteroit alors ses découvertes (3)? Ce dont on est sûr, c'est qu'on ignore maintenant les vrais principes de l'éducation, et qu'elle est jusqu'aujourd'hui presque entièrement réduite à l'étude de quelques sciences fausses auxquelles l'ignorance est préférable.

II. *De la fausse science, ou de l'ignorance acquise.*

L'homme naît ignorant : il ne naît

point sot, et ce n'est pas même sans peine qu'il le devient. Pour être tel, et parvenir à éteindre en soi jusqu'aux lumieres naturelles, il faut de l'art et de la méthode; il faut que l'instruction ait entassé en nous erreurs sur erreurs; il faut, par des lectures multipliées, avoir multiplié ses préjugés.

Parmi les peuples policés, si la sottise est l'état commun des hommes, c'est l'effet d'une instruction contagieuse; c'est qu'on y est élevé par de faux savants, qu'on y lit de sots livres. Or, en livres comme en hommes, il y a bonne et mauvaise compagnie. Le bon livre est presque partout le livre défendu (4). L'esprit et la raison en sollicitent la publication: la bigoterie s'y oppose; elle veut commander à l'univers ; elle est donc intéressée à propager la sottise. Ce qu'elle se propose c'est d'aveugler les hommes, de les égarer dans le labyrinthe d'une fausse science. C'est peu que l'homme soit ignorant. L'ignorance est le point milieu entre la vraie et la fausse connoissance. L'ignorant est autant au-dessus du faux savant qu'au-dessous de l'homme d'esprit. Ce que desire le superstitieux, c'est que l'homme soit absurde ; ce qu'il craint, c'est que l'homme ne s'éclaire. A qui confie-t-il donc le soin de l'abrutir ? A des scholastiques. De tous les enfants d'Adam, ce sont les plus stupides et les plus orgueilleux (5). « Le pur scholastique, « selon Rabelais, tient entre les hom-« mes la place qu'occupe entre les

« animaux celui qui ne laboure point
« comme le bœuf, ne porte point le
« bât comme la mule, n'aboie point
« au voleur comme le chien, mais
« qui, semblable au singe, salit tout,
« brise tout, mord le passant, et nuit
« à tous. »

Le scholastique, puissant en mots, est foible en raisonnements. Aussi que forme-t-il? Des hommes savamment absurdes, et orgueilleusement stupides (6). En fait de stupidité, je l'ai déja dit, il en est de deux sortes; l'une naturelle, l'autre acquise; l'une l'effet de l'ignorance, l'autre celui de l'instruction. Entre ces deux especes d'ignorance ou, de stupidité, quelle est la plus incurable? La derniere. L'homme qui ne sait rien peut apprendre ; il ne s'agit que d'en allumer en lui le desir. Mais qui sait mal, et a par degrés perdu sa raison en croyant la perfectionner, a trop chèrement acheté sa sottise pour jamais y renoncer (a). L'esprit s'est-il chargé du poids d'une savante ignorance ? il ne s'éleve plus jusqu'à la vérité. Il a perdu la tendance qui le portoit vers elle. La connoissance de ce qu'il savoit est en partie attachée à l'oubli de ce qu'il sait. Pour placer un certain nombre

(a) Un jeune peintre, d'après la mauvaise maniere de son maître, fait un tableau, le présente à Raphaël : « Que « pensez-vous de ce tableau ? lui dit-il ». — « Que vous sauriez bientôt quelque « chose, répond Raphaël, si vous ne « saviez rien. »

de vérités dans sa mémoire il faudroit souvent en déplacer le même nombre d'erreurs. Or ce déplacement demande du temps ; et, s'il se fait enfin, c'est trop tard qu'on devient homme. On s'étonne de l'âge où le devenoient les Grecs et les Romains. Que de talents divers ne montroient-ils pas dès leur adolescence ! A vingt ans Alexandre, déja homme de lettres et grand capitaine, entreprenoit la conquête de l'orient. A cet âge les Scipions et les Annibal formoient les plus grands projets, et exécutoient les plus grandes entreprises. Avant la maturité des ans, Pompée, vainqueur en Europe, en Asie, et en Afrique, remplissoit l'univers de sa gloire. Or comment ces Grecs et ces Romains, à-la-fois hommes de lettres, orateurs, capitaines, hommes d'état, se rendoient-ils propres à tous les divers emplois de leurs républiques, les exerçoient-ils, et souvent même les abdiquoient-ils, dans un âge où nul citoyen ne seroit maintenant capable de les remplir? Les hommes d'autrefois étoient-ils différents de ceux d'aujourd'hui? leur organisation étoit-elle plus parfaite? Non sans doute: car, dans les sciences et les arts de la navigation, de la physique, de l'horlogerie, des mathématiques, etc., l'on sait que les modernes l'emportent sur les anciens.

La supériorité que ces derniers ont si long-temps conservée dans la morale, la politique, et la législation, doit donc être regardée comme l'effet de leur éducation. Ce n'étoit point alors à des scholastiques, c'étoit à des philosophes que l'on confioit l'instruction de la jeunesse. L'objet de ces philosophes étoit de former des héros et de grands citoyens. La gloire du disciple réfléchissoit sur le maître ; c'étoit sa récompense.

L'objet d'un instituteur n'est plus le même. Quel intérêt a-t-il d'exalter l'ame et l'esprit de ses éleves ? aucun. Que desire-t-il ? d'affoiblir leur caractere, d'en faire des superstitieux, d'éjointer, si je l'ose dire, les ailes de leur génie, d'étouffer dans leur esprit toute vraie connoissance (7), et dans leur cœur toute vertu patriotique.

Les siecles d'or des scholastiques

furent ces siecles d'ignorance dont avant Luther et Calvin les ténebres couvroient la terre. Alors, dit un philosophe anglais, la superstition commandoit à tous les peuples. « Les « hommes, changés comme Nabu- « chodonosor en brutes et en mules, « étoient sellés, bridés, chargés de « pesants fardeaux ; ils gémissoient « sous le faix de la superstition : « mais enfin, quelques unes des « mules venant à se cabrer, elles « renverserent à-la-fois la charge et « le cavalier. »

Nulle réforme à espérer dans l'éducation tant qu'elle sera confiée à des scholastiques. Sous de tels instituteurs, la science enseignée ne sera jamais qu'une science d'erreurs ; et les anciens conserveront sur les modernes, tant en morale qu'en politique et en législation, une supériorité qu'ils devront, non à la supériorité de l'organisation, mais, comme je l'ai déja dit, à celle de leur instruction.

III. *De la sécheresse de ce sujet, et de la difficulté de le traiter.*

L'examen de la question que je me suis proposée exige une discussion fine et approfondie. Toute discussion de cette espece est ennuyeuse.

Qu'un homme vraiment ami de l'humanité, et déja habitué à la fatigue de l'attention, lise ce livre sans dégoût; je n'en serai pas surpris. Son estime sans doute me suffiroit, si, pour rendre cet ouvrage utile, je ne m'étois d'abord proposé de le rendre agréable. Or, quelles fleurs jeter sur une question aussi grave et aussi sérieuse? Je voudrois éclairer l'homme ordinaire; et, chez presque toutes les nations, cet homme est incapable d'attention; ce qui l'applique le dégoûte : c'est sur-tout en France que ces sortes d'hommes sont les plus communs.

Quant aux gens du monde, ils sont de plus en plus indifférents aux ouvrages de raisonnement. Rien ne les pique que la peinture d'un ridicule(8), qui satisfait leur malignité sans les arracher à leur paresse. Je renonce donc à l'espoir de leur plaire. Quelque peine que je me donnasse, je ne répandrois jamais assez d'agrément sur un sujet aussi sec et aussi sérieux.

J'observerai cependant que si l'on juge des Français par leurs ouvrages, ou ce peuple est moins léger et moins frivole qu'on ne le croit (9), ou l'esprit de ses savants est très différent de l'esprit de la nation. Les idées de ces derniers m'ont paru grandes et élevées. Qu'ils écrivent donc, et soient assurés, malgré les partialités nationales, qu'ils trouveront par-tout de justes appréciateurs de leur mérite. Je ne leur recommande qu'une chose, c'est d'oser quelquefois dédaigner l'estime d'une seule nation, et de se rappeler qu'un esprit vraiment étendu ne s'attache qu'à des sujets intéressants pour tous les peuples.

Celui que je traite est de ce genre.

Je ne rappellerai les principes de l'*Esprit* que pour les approfondir davantage, les présenter sous un point de vue nouveau, et en tirer de nouvelles conséquences. En géométrie, tout problême non exactement résolu peut devenir l'objet d'une nouvelle démonstration. Il en est de même en morale et en politique. Qu'on ne se refuse donc pas à l'examen d'une question si importante, et dont la solution d'ailleurs exige l'exposition de vérités encore peu connues.

La différence des esprits est-elle l'effet de la différence ou de l'organisation ou de l'éducation? c'est l'objet de ma recherche.

SECTION I.

L'éducation nécessairement différente des différents hommes est peut-être la cause de cette inégalité des esprits jusqu'à présent attribuée à l'inégale perfection des organes.

CHAPITRE I.

Nul ne reçoit la même éducation.

J'APPRENDS encore : mon instruction n'est point encore achevée. Quand le sera-t-elle? lorsque je n'en serai plus susceptible, à ma mort. Le cours de ma vie n'est proprement qu'une longue éducation.

Pour que deux individus reçussent précisément les mêmes instructions que faudroit-il? qu'ils se trouvassent précisément dans les mêmes positions, dans les mêmes circonstances. Une telle hypothese est impossible. Il est donc évident que personne ne reçoit les mêmes instructions.

Mais pourquoi reculer le terme de notre éducation jusqu'au terme de notre vie? Pourquoi ne la pas fixer au temps spécialement consacré à l'instruction, c'est-à-dire à celui de l'enfance et de l'adolescence? Je veux bien me renfermer dans cet espace de temps. Je prouverai pareillement qu'il est impossible à deux hommes d'acquérir précisément les mêmes idées.

CHAPITRE II.

Du moment où commence l'éducation.

C'est à l'instant même où l'enfant reçoit le mouvement et la vie qu'il reçoit ses premieres instructions. C'est quelquefois dans les flancs où il est conçu qu'il apprend à connoître l'état de maladie et de santé. Cependant la mere accouche ; l'enfant s'agite, pousse des cris ; la faim l'échauffe ; il sent un besoin ; ce besoin desserre ses levres, lui fait saisir et sucer avidement le sein nourricier. Quelques mois s'écoulent, ses yeux se décillent, ses organes se fortifient ; ils deviennent peu-à-peu susceptibles de toutes les impressions. Alors le sens de la vue, de l'ouïe, du goût, du toucher, de l'odorat, enfin toutes les portes de son ame sont ouvertes. Alors tous les objets de la nature s'y précipitent en foule, et gravent une infinité d'idées dans sa mémoire. Dans ces premiers moments, quels peuvent être les vrais instituteurs de l'enfance? les diverses sensations qu'elle éprouve : ce sont autant d'instructions qu'elle reçoit.

A-t-on donné à deux enfants le même précepteur, leur a-t-il appris à distinguer leurs lettres, à lire, à réciter leur catéchisme, etc. ; on croit leur avoir donné la même éducation. Le philosophe en juge autrement. Selon lui, les vrais précepteurs de l'enfance sont les objets qui l'environnent; c'est à ces instituteurs qu'elle doit presque toutes ses idées.

CHAPITRE III.

Des instituteurs de l'enfance.

Une courte histoire de l'enfance de l'homme nous le fera connoître. Voit-il le jour? mille sons frappent ses oreilles, et il n'entend que des bruits confus. Mille corps s'offrent à ses yeux, et ils ne lui présentent que des objets mal terminés. C'est insensiblement que l'enfant apprend à entendre, à voir, à sentir, et à rectifier les erreurs d'un sens par un autre sens (a).

(a) Les sens ne nous trompent jamais. Les objets font toujours sur nous l'impression qu'ils doivent faire. Une tour quarrée me paroît-elle ronde à une certaine distance? c'est qu'à cette distance les rayons réfléchis de la tour doivent se

Toujours frappé des mêmes sensations à la présence des mêmes objets, il en acquiert un souvenir d'autant plus net que la même action des objets sur lui est plus répétée. On doit regarder leur action comme la partie de son éducation la plus considérable.

Cependant l'enfant grandit : il marche, et marche seul. Alors une infinité de chûtes lui apprennent à conserver son corps dans l'équilibre et à s'assurer sur ses jambes. Plus les chûtes sont douloureuses, plus elles sont instructives, et plus, en marchant, il devient adroit, attentif et précautionné.

L'enfant s'est-il fortifié? court-il?

confondre et me la faire paroître telle; c'est qu'il est des cas où la forme réelle des objets ne peut être constatée que par le témoignage uniforme de plusieurs sens.

et est-il déja en état de sauter les petits canaux qui traversent et arrosent les bosquets d'un jardin? c'est alors que par des essais et des chûtes répétées il apprend à proportionner sa secousse à la largeur de ces canaux. Une pierre se détache-t-elle de leur pourtour? la voit-il se précipiter au fond des eaux, lorsqu'un bois surnage sur leur surface? il acquiert en cet instant la premiere idée de la pesanteur. Que dans ces canaux il repêche cette pierre et ce bois léger, et que, par hasard ou par mal-adresse, l'un et l'autre tombent sur son pied, l'inégal degré de douleur occasionnée par la chûte de ces deux corps gravera encore plus profondément dans sa mémoire l'idée de leur pesanteur et de leur dureté inégale. Lance-t-il cette même pierre contre un des pots de fleurs ou une des caisses d'orangers placés le long de ces mêmes canaux? il apprend que certains corps sont brisés du coup auquel d'autres résistent.

Il n'est donc point d'homme éclairé qui ne voie dans tous les objets autant d'instituteurs chargés de l'éducation de notre enfance.

Mais ces instituteurs ne sont-ils pas les mêmes pour tous? non : le hasard n'est exactement le même pour personne; et, dans la supposition que ce soit à leur chûte que deux enfants doivent leur adresse à marcher, courir et sauter, je dis qu'il est impossible que, leur faisant faire précisément le même nombre de chûtes et de chûtes aussi douloureuses, le hasard fournisse à tous les mêmes instructions.

Transportez deux enfants dans une plaine, un bois, un spectacle, une assemblée, enfin dans une boutique; ces enfants, par leur seule position physique, ne seront ni précisément frappés des mêmes objets, ni par conséquent affectés des mêmes sensations. D'ailleurs, que de spectacles différents seront, par des accidents journaliers, sans cesse offerts aux yeux de ces mêmes enfants!

Deux freres voyagent avec leurs parents, et, pour arriver chez eux, ils ont à traverser de longues chaînes de montagnes. L'aîné suit le pere par des chemins escarpés et courts. Que voit-il? la nature sous toutes les formes de l'horreur; des montagnes de glaces qui s'enfoncent dans les nues, des masses de rochers suspendues sur la tête du voyageur, des abymes sans fond, enfin les cimes de rocs arides d'où les torrents se précipitent avec un bruit effrayant. Le plus jeune a suivi sa mere dans des routes plus fréquentées, où la nature se montre sous les formes les plus agréables. Quels objets se sont offerts à lui? partout des côteaux plantés de vignes et d'arbres fruitiers, par-tout des vallons où serpentent des ruisseaux dont les rameaux entrelacés partagent des prairies peuplées de bestiaux.

Ces deux freres auront dans le même voyage vu des tableaux, reçu des impressions très différentes. Or mille hasards de cette espece peuvent produire les mêmes effets. Notre vie n'est pour ainsi dire qu'un long tissu d'accidents pareils. Qu'on ne se flatte donc jamais de pouvoir donner précisément les mêmes instructions à deux enfants.

Mais quelle influence peut avoir sur les esprits une différence d'instruction occasionnée par quelque légere différence dans les objets environnants? Eh quoi! ignoreroit-on encore ce qu'un petit nombre d'idées différentes, et combinées avec celles que deux hommes ont déja en commun, peut produire de différence dans leur maniere totale de voir et de juger?

Au reste je veux que le hasard présente toujours les mêmes objets à deux hommes; les leur offrira-t-il dans le moment où leur ame est précisément dans la même situation, et où ces objets en conséquence doivent faire sur eux la même impression?

CHAPITRE IV.

De la différente impression des objets sur nous.

QUE des objets différents produisent sur nous des sensations diverses, c'est un fait. Ce que l'expérience nous apprend encore, c'est que les mêmes objets excitent en nous des impressions différentes selon le moment où ils nous sont présentés : et c'est peut-être à cette différence d'impression qu'il faut principalement rapporter et la diversité et la grande inégalité d'esprit apperçue entre des hommes qui, nourris dans les mêmes pays, élevés dans les mêmes habitudes et les mêmes mœurs, ont eu d'ailleurs à-peu-près les mêmes objets sous les yeux.

Il est pour l'ame des moments de calme et de repos où sa surface n'est pas même troublée par le souffle le plus léger des passions. Les objets qu'alors le hasard nous présente fixent quelquefois toute notre attention : on en examine plus à loisir les différentes faces, et l'empreinte qu'ils font sur notre mémoire en est d'autant plus nette et d'autant plus profonde.

Les hasards de cette espece sont très communs, sur-tout dans la premiere jeunesse. Un enfant fait une faute, et, pour le punir, on l'enferme dans sa chambre : il y est seul. Que faire ? il voit des pots de fleurs sur la fenêtre ; il les cueille ; il en considere les couleurs, il en observe les nuances ; son désœuvrement semble donner plus de finesse au sens de sa vue. Il en est alors de l'enfant comme de l'aveugle. Si communément il a le sens de l'ouïe et du tact plus fin que les autres hommes, c'est qu'il n'est pas distrait comme eux par l'action de la lumiere sur son œil ; c'est qu'il en est d'autant plus attentif, d'autant plus concentré en lui-même, et qu'enfin, pour suppléer au sens qui lui manque, il a, comme le remarque M. Diderot, le plus grand intérêt de perfectionner les sens qui lui restent.

L'impression que font sur nous les objets dépend principalement du moment où ces objets nous frappent. Dans l'exemple ci-dessus, c'est l'attention que l'éleve est pour ainsi dire forcé de prêter aux seuls objets qu'il ait sous les yeux, qui, dans les couleurs et la forme des fleurs, lui fait découvrir des différences fines, qu'un regard distrait ou un coup-d'œil superficiel ne lui eût pas permis d'appercevoir. C'est une punition ou un hasard pareil qui souvent décide le goût d'un jeune homme, en fait un peintre de fleurs, lui donne d'abord quelque connoissance de leur beauté, enfin l'amour des tableaux de cette espece. Or à combien de hasards et d'accidents semblables l'éducation de l'enfance n'est-elle pas soumise! et comment imaginer qu'elle puisse être la même pour deux individus? Que d'autres causes d'ailleurs s'opposent à ce que les enfants, soit dans les colleges, soit dans la maison paternelle, reçoivent les mêmes instructions!

CHAPITRE V.

De l'éducation des colleges.

On veut que les enfants aient reçu les mêmes instructions lorsqu'ils ont été élevés dans les mêmes colleges. Mais à quel âge y entrent-ils? à sept ou huit ans. Or à cet âge ils ont déja chargé leur mémoire d'idées qui, dues en partie au hasard, en partie acquises dans la maison paternelle, sont dépendantes de l'état, du caractere, de la fortune et des richesses de leurs parents. Faut-il donc s'étonner si les enfants entrés au college avec les idées souvent si différentes montrent plus ou moins d'ardeur pour l'étude, plus ou moins de goût pour certains genres de science, et si leurs idées déja acquises, se mêlant à celles qu'on leur donne en commun dans les écoles, les changent et les alterent considérablement? Des idées ainsi altérées, se combinant de nouveau entre elles, doivent souvent donner des produits inattendus. De là cette inégalité des esprits et cette diversité de goûts observée dans les éleves du même college (a).

En est-il ainsi de l'éducation domestique?

(a) J'observerai d'ailleurs que c'est au hasard, c'est-à-dire à ce que le maître n'enseigne pas, que nous devons la plus grande partie de notre instruction. Celui dont le savoir se borneroit aux vérités qu'il tient de sa gouvernante ou de son précepteur, et aux faits contenus dans le petit nombre de livres qu'on lit dans les classes, seroit sans contredit le plus sot enfant du monde.

CHAPITRE VI.

De l'éducation domestique.

CETTE sorte d'éducation e st sans doute la plus uniforme ; elle est plus la même. Deux freres élevés chez leurs parents ont le même précepteur, ont à-peu-près les mêmes objets sous les yeux, ils lisent les mêmes livres. La différence de l'âge est la seule qui paroisse devoir en mettre dans leur instruction. Veut-on la rendre nulle? suppose-t-on à cet effet deux freres jumeaux ? soit. Mais auront-ils eu la même nourrice ? Qu'importe ? Il importe beaucoup. Comment douter de l'influence du caractere de la nourrice sur celui du nourrisson ? on n'en doutoit pas du moins en Grece, et l'on en est assuré par le cas qu'on y faisoit des nourrices lacédémoniennes.

En effet, dit Plutarque, si le Spartiate encore à la mamelle ne crie point, s'il est inaccessible à la crainte et déja patient dans la douleur, c'est sa nourrice qui le rend tel. Or, en France comme en Grece, le choix d'une nourrice ne peut donc être indifférent.

Mais je veux que la même nourrice ait allaité ces jumeaux et les ait élevés avec le même soin. S'imagine-t-on que, remis par elle à leurs parents, les pere et mere aient pour ces deux enfants précisément le même degré de tendresse, et que la préférence donnée sans s'en appercevoir à l'un des deux n'ait nulle influence sur son éducation? Veut-on encore que le pere et la mere les chérissent également? en sera-t-il de même des domestiques? le précepteur n'aura-t-il pas un bien-aimé? l'amitié qu'il témoignera à l'un des deux enfants sera-t-elle long-temps ignorée de l'autre? l'humeur ou la patience du maître, la douceur ou la sévérité de ses leçons, ne produiront-elles sur eux aucun effet? ces deux jumeaux enfin jouiront-ils tous deux de la même santé?

Dans la carriere des arts et des sciences que tous deux parcouroient d'abord d'un pas égal, si le premier est arrêté par quelque maladie, s'il laisse prendre au second trop d'avance sur lui, l'étude lui devient odieuse. Un enfant perd-il l'espoir de se distinguer? est-il forcé dans un genre de reconnoître un certain nombre de supérieurs? il devient dans ce même genre incapable de travail et d'une application vive. La crainte même du châtiment est alors impuissante. Cette crainte fait contracter à un enfant l'habitude de l'attention, lui fait apprendre à lire, lui fait exécuter tout ce qu'on lui commande; mais elle ne lui inspire pas cette ardeur studieuse, seul garant des grands succès. C'est l'émulation qui produit les génies, et c'est le desir de s'illustrer qui crée les talents. C'est du moment où l'amour de la gloire se fait sentir à l'homme et se développe en lui qu'on peut dater les progrès de son esprit. Je l'ai toujours pensé, la science de l'éducation n'est peut-être que la science des moyens d'exciter l'émulation. Un seul mot l'éteint ou l'allume. L'éloge donné au soin avec lequel un enfant examine un objet et au compte exact qu'il en rend a quelquefois suffi pour le douer de cette espece d'attention à laquelle il a dû dans la suite la supériorité de son esprit. L'éducation reçue ou dans les colleges ou dans la maison paternelle n'est donc jamais la même pour deux individus.

Passons de l'éducation de l'enfance à celle de l'adolescence. Qu'on ne regarde pas cet examen comme superflu. Cette seconde éducation est la plus importante. L'homme alors a d'autres instituteurs qu'il est utile de faire connoître. D'ailleurs c'est dans l'adolescence que se décident nos goûts et nos talents. Cette seconde éducation, la moins uniforme et la plus abandonnée au hasard, est en même temps la plus propre à confirmer la vérité de mon opinion.

CHAPITRE VII.

De l'éducation de l'adolescence.

C'est au sortir du college, c'est à notre entrée dans le monde, que commence l'éducation de l'adolescence. Elle est moins la même ; elle est plus variée que celle de l'enfance, mais plus dépendante du hasard, et sans doute plus importante. L'homme alors est assiégé par un plus grand nombre de sensations. Tout ce qui l'environne le frappe, et le frappe vivement.

C'est dans l'âge où certaines passions s'éveillent que tous les objets de la nature agissent et pesent le plus fortement sur lui. C'est alors qu'il reçoit l'instruction la plus efficace, que ses goûts et son caractere se fixent, et qu'enfin, plus libre et plus lui-même, les passions allumées dans son cœur déterminent ses habitudes, et souvent toute la conduite de sa vie.

Dans les enfants, la différence de l'esprit et du caractere n'est pas toujours extrêmement sensible. Occupés du même genre d'études, soumis à la même regle, à la même discipline, et d'ailleurs sans passions, leur extérieur est assez le même. Le germe dont le développement doit mettre un jour tant de différence dans leurs goûts, ou n'est point encore formé, ou est encore imperceptible. Je compare deux enfants à deux hommes assis sur un même tertre, mais dans une direction différente. Qu'ils se levent et suivent en marchant la direction dans laquelle ils se trouvent, ils s'éloigneront insensiblement et se perdront bientôt de vue, à moins qu'en changeant de nouveau leur direction quelque accident ne les rapproche.

La ressemblance des enfants est dans les colleges l'effet de la contrainte. En sortent-ils? la contrainte cesse. Alors commence, comme je l'ai dit, la seconde éducation de l'homme ; éducation d'autant plus soumise au hasard, qu'en entrant dans le monde l'adolescent se trouve au milieu d'un plus grand nombre d'objets. Or, plus les objets environnants sont multipliés et variés, moins le pere ou le maître peut s'assurer du résultat de leur impression, moins l'un et l'autre ont de part à l'éducation d'un jeune homme.

Les nouveaux et principaux instituteurs de l'adolescent sont la forme du gouvernement sous laquelle il vit, et les mœurs que cette forme de gouvernement donne à une nation. Maîtres et disciples, tout est soumis à ces instituteurs : ce sont les principaux, cependant ce ne sont pas les seuls de la jeunesse. Au nombre de ces instituteurs je compte encore le rang qu'un jeune homme occupe dans le monde, son état d'indigence ou de richesses, les sociétés dans lesquelles il se lie, enfin ses amis, ses lectures, et ses maîtresses. Or c'est du hasard qu'il tient son état d'opulence ou de pauvreté : le hasard préside au choix de ses sociétés (10), de ses amis, de ses lectures, et de ses maîtresses. Il nomme donc la plupart de ses instituteurs. De plus, c'est le hasard qui, le plaçant dans telles ou telles positions, allume, éteint, ou modifie, ses goûts et ses passions, et qui par conséquent a la plus grande part à la formation même de son caractere. Le caractere est dans l'homme l'effet immédiat de ses passions, et ses passions souvent l'effet immédiat des situations où il se trouve.

Les caracteres les plus tranchés sont quelquefois le produit d'une infinité de petits accidents. C'est d'une infinité de fils de chanvre que se composent les plus gros cables (11). Il n'est point de changement que le hasard ne puisse occasionner dans le caractere d'un homme. Mais pourquoi ces changements s'operent-ils presque toujours à son insu? c'est que pour les appercevoir il faudroit qu'il portât sur lui-même l'œil le plus sévere et le plus observateur. Or le plaisir, la frivolité, l'ambition, la pauvreté, etc., le détournent également de cette observation. Tout le distrait de lui-même. On a d'ailleurs tant de respect pour soi, tant de vénération pour sa conduite, on la regarde comme le produit de réflexions si sages et si profondes, qu'on s'en permet rarement l'examen. L'orgueil s'y refuse, et l'on obéit à l'orgueil.

Le hasard a donc sur notre éducation une influence nécessaire et considérable. Les évènements de notre vie sont souvent le produit des plus petits hasards. Je sais que cet aveu répugne à notre vanité. Elle suppose toujours de grandes causes à des effets qu'elle regarde comme grands. C'est pour détruire les illusions de l'orgueil, qu'empruntant le secours des faits, je prouverai que c'est aux plus petits accidents que les citoyens les plus illustres ont été quelquefois redevables de leurs talents. D'où je conclurai que le hasard agissant de la même maniere sur tous les hommes, si ses effets sur les esprits ordinaires sont moins remarqués, c'est uniquement parceque ces sortes d'esprits sont moins remarquables.

CHAPITRE VIII.

Des hasards auxquels nous devons souvent les hommes illustres.

Pour premier exemple je citerai M. de Vaucanson. Sa dévote mere avoit un directeur; il habitoit une cellule à laquelle la salle de l'horloge servoit d'antichambre. La mere rendoit de fréquentes visites à ce directeur. Son fils l'accompagnoit jusques dans l'antichambre. C'est là que, seul et désœuvré, il pleuroit d'ennui, tandis que sa mere pleuroit de repentir. Cependant, comme on pleure et qu'on s'ennuie toujours le moins qu'on peut, comme dans l'état de désœuvrement il n'est point de sensations indifférentes, le jeune Vaucanson, bientôt frappé du mouvement toujours égal d'un balancier, veut en connoître la cause. Sa curiosité s'éveille ; pour la satisfaire il approche des planches où l'horloge est renfermée : il voit à travers les fentes l'engrenement des roues, découvre une partie de ce méchanisme, devine le reste, projette une pareille machine, l'exécute avec un couteau et du bois, et parvient enfin à faire une horloge plus ou moins parfaite. Encouragé par ce premier succès, son goût pour les méchaniques se décide, ses talents se développent, et le même génie qui lui avoit fait exécuter une horloge en bois lui laisse entrevoir dans la perspective la possibilité du flûteur automate.

Un hasard de la même espece alluma le génie de Milton. Cromwel meurt : son fils lui succede ; il est chassé de l'Angleterre. Milton partage son infortune, perd la place de secrétaire du protecteur ; il est emprisonné, puis relâché, puis forcé de s'exiler. Il se retire enfin à la campagne ; et là, dans le loisir de la retraite et de la disgrace, il compose le poëme qui, projeté dans sa jeunesse, l'a placé au rang des plus grands hommes.

Si Shakespear eût, comme son pere, toujours été marchand de laine ; si sa mauvaise conduite ne l'eût forcé de quitter son commerce et sa province ; s'il ne se fût point associé à des libertins, n'eût point volé des daims dans le parc d'un lord, n'eût point été poursuivi pour ce vol, n'eût point été réduit à se sauver à Londres, à s'engager dans une troupe de comédiens, et qu'enfin, ennuyé d'être un acteur médiocre (12), il ne se fût pas fait auteur; le sensé Shakespear n'eût jamais été le célebre Shakespear ; et, quelque habileté qu'il eût portée dans son commerce de laine , son nom n'eût point illustré l'Angleterre.

C'est un hasard à-peu-près semblable qui décida le goût de Moliere pour le théâtre. Son grand-pere aimoit la comédie, il l'y menoit souvent : le jeune homme vivoit dans la dissipation; le pere, s'en appercevant, demande en colere si l'on veut faire de son fils un comédien. *Plût à Dieu*, répond le grand-pere, *qu'il fût aussi bon acteur que Montrose !* Ce mot frappe le jeune Moliere; il prend en dégoût son métier; et la France doit son plus grand comique au hasard de cette réponse. Moliere, tapissier habile, n'eût jamais été cité parmi les grands hommes de sa nation.

Corneille aime ; il fait des vers pour sa maîtresse, devient poëte, compose *Mélite*, puis *Cinna*, *Rodogune*, etc. ; il est l'honneur de son pays, un objet d'émulation pour la postérité. Corneille sage fût resté avocat ; il eût composé des factums, oubliés comme les causes qu'il eût défendues. Et c'est ainsi que la dévotion d'une mere, la mort de Cromwel, un vol de daims, l'exclamation d'un vieillard, et la beauté d'une femme, ont en des genres différents donné cinq hommes illustres à l'Europe.

Je ne finirois pas si je voulois donner la liste de tous les écrivains célebres par leurs talents, et redevables de ces talents à de semblables hasards. Plusieurs philosophes adoptent sur ce point mon opinion. M. Bonnet (a)

(a) Voyez son *Essai analytique des facultés de l'ame.*

compare le génie au verre ardent, qui ne brûle communément que dans un point. Le génie, selon nous, ne peut être que le produit d'une attention forte et concentrée dans un art ou une science. Mais à quoi rapporter cette attention? au goût vif qu'on se sent pour cet art ou cette science. Or ce goût n'est pas un pur don de la nature. Naît-on sans idées? on naît aussi sans goût. On peut donc les regarder comme des acquisitions (a) dues aux positions où l'on se trouve. Le génie est

(a) La seule disposition qu'en naissant l'homme apporte à la science est la faculté de comparer et de combiner. En effet, toutes les opérations de son esprit se réduisent nécessairement à l'observation des rapports que les objets ont entre eux et avec lui. J'examinerai dans la section suivante ce qu'est en nous cette faculté.

donc le produit éloigné d'évènements ou de hasards à-peu-près pareils à ceux que j'ai déja cités (14).

M. Rousseau n'est pas de cet avis. Lui-même cependant est un exemple du pouvoir du hasard.

En entrant dans le monde la fortune l'attache à la suite d'un ambassadeur. Une tracasserie avec ce ministre lui fait abandonner la carriere politique (15) et suivre celle des arts et des sciences; il a le choix entre l'éloquence et la musique. Egalement propre à réussir dans ces deux arts, son goût est quelque temps incertain: un enchaînement particulier de circonstances lui fait enfin préférer l'éloquence: un enchaînement d'une autre espece eût pu en faire un musicien. Qui sait si les faveurs d'une belle cantatrice n'eussent pas produit en lui cet effet (16)? Nul ne peut du moins assurer que du Platon de la France l'amour alors n'en eût pas fait l'Orphée. Mais quel accident particulier fit entrer M. Rousseau dans la carriere de l'éloquence ? C'est son secret ; je l'ignore. Tout ce que je puis dire, c'est qu'en ce genre son premier succès suffisoit pour fixer son choix.

L'académie de Dijon avoit proposé un prix d'éloquence. Le sujet étoit bizarre (a) ; il s'agissoit de savoir *si les sciences étoient plus nuisibles qu'utiles à la société.* La seule maniere piquante de traiter cette question, c'étoit de prendre parti contre les sciences. M. Rousseau le sentit. Il fit sur ce plan un discours éloquent qui mé-

(a) Celui qui proposa ce prix crut apparemment que le seul moyen d'être aussi estimable que tout autre, c'est que tout autre fût aussi ignorant que lui.

ritoit de grands éloges et qui les obtint. Ce succès fit époque dans sa vie. De là sa gloire, ses infortunes, et ses paradoxes.

Frappé des beautés de son propre discours, les maximes de l'orateur (17) deviennent bientôt celles du philosophe; et, de ce moment, livré à l'amour du paradoxe, rien ne lui coûte. Faut-il pour défendre son opinion soutenir que l'homme absolument brute, l'homme sans art, sans industrie, et inférieur à tout sauvage connu, est cependant et plus vertueux et plus heureux que le citoyen policé de Londres et d'Amsterdam? Il le soutient.

Dupe de sa propre éloquence, content du titre d'orateur, il renonce à celui de philosophe, et ses erreurs deviennent les conséquences de son premier succès. De moindres causes ont souvent produit de plus grands effets. Aigri ensuite par la contradiction, ou peut-être trop amoureux de la singularité, M. Rousseau quitte Paris et ses amis. Il se retire à Montmorenci (18). Il y compose, y publie son *Emile*, y est poursuivi par l'envie, l'ignorance et l'hypocrisie. Estimé de toute l'Europe pour son éloquence, il est persécuté en France. On lui applique ce passage : *Cruciatur ubi est, laudatur ubi non est.* Obligé enfin de se retirer en Suisse, de plus en plus irrité contre la persécution, il y écrit la fameuse lettre adressée à l'archevêque de Paris : et c'est ainsi que toutes les idées d'un homme, toute sa gloire et ses infortunes, se trouvent souvent enchaînées par le pouvoir invisible d'un premier évènement. M. Rousseau, ainsi qu'une infinité d'hommes illustres, peut donc être regardé comme un des chefs-d'œuvre du hasard.

Qu'on ne me reproche point de m'être arrêté à considérer les causes auxquelles les grands hommes ont été si souvent redevables de leurs talents: mon sujet m'y forçoit. Je ne me suis point appesanti sur les détails. Je savois qu'amoureux des grands talents, peu importe au public les petites causes qui les produisent. Je vois avec plaisir un fleuve rouler majestueusement ses flots à travers la plaine ; mais c'est avec effort que mon imagination remonte jusqu'à ses sources pour y rassembler le volume des eaux nécessaires à son cours. C'est en masse que les objets se présentent à nous ; c'est avec peine qu'on se prête à leur décomposition. Je me persuade difficilement que la comete qui traverse impétueusement notre univers et le menace de ruine ne soit qu'un composé plus ou moins grand d'atômes invisibles.

En morale comme en physique, le grand seul nous frappe. On suppose toujours de grandes causes à de grands effets. On veut que des signes dans le ciel annoncent la chûte ou les révolutions des empires. Cependant que de croisades entreprises ou suspendues, de révolutions exécutées ou prévenues, de guerres allumées ou éteintes, par les intrigues d'un prêtre, d'une femme, ou d'un ministre! C'est faute de mémoires ou d'anecdotes secretes qu'on ne retrouve pas par-tout le gant de la duchesse de Marleborough (a).

(a) Une grande âcreté dans la matiere séminale alluma, disent les médecins, la violente passion de Henri VIII pour les femmes. C'est donc à cette âcreté que l'Angleterre dut la destruction du papisme. L'histoire perdroit peut-être de sa noblesse et de sa dignité si l'on étoit

Qu'on applique aux simples citoyens ce que je dis des empires. L'on voit pareillement que leur élévation ou leur abaissement, leur bonheur ou leur malheur, sont le produit d'un certain concours de circonstances et d'une infinité de hasards imprévus et stériles en apparence. Je compare les petits accidents qui préparent les grands évènements de notre vie à la partie chevelue d'une racine, qui, s'insinuant insensiblement dans les fentes d'un rocher, y grossit pour le faire un jour éclater.

Le hasard a (a) et il aura donc tou-

toujours attentif à remonter ainsi jusqu'aux causes secretes des grands évènements; mais elle en seroit bien plus instructive.

(1) J'avertis le lecteur que par ce mot de hasard j'entends l'enchaînement inconnu des causes propres à produire tel

jours part à notre éducation, et surtout à celle des hommes de génie. En veut-on augmenter le nombre dans une nation ? qu'on observe les moyens dont se sert le hasard pour inspirer aux hommes le desir de s'illustrer. Cette observation faite, qu'on les place à dessein et fréquemment dans les mêmes positions où le hasard les place rarement; c'est le seul moyen de les multiplier.

L'éducation morale de l'homme est maintenant presque en entier abandonnée au hasard. Pour la perfectionner il faudroit en diriger le plan relativement à l'utilité publique, la fonder sur des principes simples et invariables. C'est l'unique maniere de diminuer l'influence que le hasard

ou tel effet, et que je n'emploie jamais ce mot dans une autre signification.

« sur elle, et de lever les contradictions qui se trouvent et doivent nécessairement se trouver entre tous les divers préceptes de l'éducation actuelle.

CHAPITRE IX.

Des causes principales de la contradiction des préceptes sur l'éducation.

En Europe et sur-tout dans les pays catholiques, si tous les préceptes de l'éducation sont contradictoires, c'est que l'instruction publique y est confiée à deux puissances dont les intérêts sont opposés, et dont les préceptes en conséquence doivent être contraires et différents :

L'une est la puissance spirituelle;

L'autre est la puissance temporelle.

La force et la grandeur de cette derniere dépend de la force et de la grandeur même de l'empire auquel elle commande. Le prince n'est vraiment fort que de la force de sa nation. Qu'elle cesse d'être respectée, le prince cesse d'être puissant. Il desire et doit desirer que ses sujets soient braves, industrieux, éclairés, et vertueux. En est-il ainsi de la puissance spirituelle? non: son intérêt n'est pas le même. Le pouvoir du prêtre est attaché à la superstition et à la stupide crédulité des peuples. Peu lui importe qu'ils soient éclairés; moins ils ont de lumieres, plus ils sont dociles à ses décisions. L'intérêt de la puissance spirituelle n'est pas lié à l'intérêt d'une nation, mais à l'intérêt d'une secte.

Deux peuples sont en guerre; qu'importe au pape lequel des deux sera esclave ou maître, si le vainqueur lui doit être aussi soumis que le vaincu? Que les Français succombent sous les efforts des Portugais, que la maison de Bragance monte sur le trône des Bourbons, le pape ne voit dans cet évènement qu'un accroissement à son autorité. Qu'est-ce que le sacerdoçe exige d'une nation? une soumission aveugle, une crédulité sans bornes, et une crainte puérile et panique. Que cette nation d'ailleurs se rende célebre par ses talents ou ses vertus patriotiques, c'est ce dont le clergé s'occupe peu. Les grands talents et les grandes vertus sont presque inconnues en Espagne, en Portugal, et par-tout où la puissance spirituelle est la plus redoutée.

L'ambition, il est vrai, est commune aux deux puissances; mais les moyens de la satisfaire sont bien différents. Pour s'élever au plus haut point de la grandeur, l'une doit exalter dans l'homme et l'autre y détruire les passions.

Si c'est à l'amour du bien public, de la justice, de la richesse, de la gloire, que la puissance temporelle doit ses guerriers, ses magistrats, ses négociants et ses savants; si c'est par le commerce de ses villes, la valeur de ses troupes, l'équité de son sénat, le génie de ses savants, que le prince rend sa nation respectable aux autres nations; les passions fortes et dirigées au bien général servent donc de base à sa grandeur.

C'est au contraire sur la destruction de ces mêmes passions que le corps ecclésiastique fonde la sienne. Le prêtre est ambitieux; mais l'ambition lui est odieuse dans le laïque; elle s'oppose à ses desseins. Le projet du prêtre est d'éteindre en l'homme tout desir, de le dégoûter de ses richesses, de son pouvoir, et de profiter de son dégoût pour s'approprier l'un et l'autre (19) : le système religieux a toujours été dirigé sur ce plan.

Au moment où le christianisme s'établit, que prêcha-t-il ? *la communauté des biens*. Qui se présenta pour dépositaire des biens mis en commun ? le prêtre. Qui viola ce dépôt et s'en fit propriétaire ? le prêtre. Lorsque le bruit de la fin du monde se répandit, qui l'accrédita ? le prêtre. Ce bruit étoit favorable à ses desseins ; il espéra que, frappés d'une terreur panique, les hommes ne connoîtroient plus qu'une seule affaire (affaire vraiment importante), celle de leur salut. La vie, leur disoit-on, n'est qu'un passage ; le ciel est la vraie patrie des hommes : pourquoi donc se livrer à des affections terrestres ? Si de tels discours n'en détacherent point entièrement le laïque, ils attiédirent du moins en lui l'amour de la parenté, de la gloire, du bien public, et de la patrie. Les héros alors devinrent plus rares; et les souverains, frappés de l'espoir d'une grande puissance dans les cieux, consentirent quelquefois à remettre au sacerdoce une partie de leur autorité sur la terre. Le prêtre s'en saisit, et, pour se la conserver, décrédita la vraie gloire et la vraie vertu. Il ne souffrit plus qu'on honorât les Minos, les Lycurgue, les Codrus, les Aristide, les Timoléon, enfin tous les défenseurs et les bienfaiteurs de leur patrie : ce furent d'autres modeles qu'il proposa; il inscrivit d'autres noms dans le calendrier; et on le vit, à ceux des anciens héros, substituer celui d'un S. Antoine, d'un S. Crépin, d'une Ste Claire, d'un S. Fiacre, d'un

S. François, enfin le nom de tous ces solitaires qui, dangereux à la société par l'exemple de leurs folles vertus, se retiroient dans les cloîtres et dans les déserts pour y végéter et y mourir inutiles (20).

D'après de tels modeles, le sacerdoce se flatta d'accoutumer les hommes à regarder la vie comme un court voyage. Il crut qu'alors, sans desirs pour les biens terrestres, sans amitié pour ceux qu'ils rencontreroient dans leur voyage, ils deviendroient également indifférents à leur propre bonheur et à celui de leur postérité. En effet, si la vie n'est qu'une couchée, pourquoi mettre tant d'intérêt aux choses d'ici-bas? Un voyageur ne fait pas réparer les murs du cabaret où il ne doit passer qu'une nuit.

Pour assurer leur grandeur et satisfaire leur ambition, les puissances spirituelles et temporelles durent donc en tous pays employer des moyens très différents. Chargées en commun de l'instruction publique, elles ne purent donc jamais graver dans les cœurs et les esprits que des préceptes contradictoires et relatifs à l'intérêt que l'une eut d'allumer et l'autre d'éteindre les passions (a).

C'est la probité cependant que prêchent également ces deux puissances; j'en conviens: mais ni l'une ni l'autre ne peuvent attacher à ce mot la même signification; et, sous le gouvernement du pape, Rome moderne n'a certainement pas de la vertu la même

(a) Vouloir détruire les passions dans les hommes, c'est vouloir y détruire l'action. Le théologien insulte-t-il aux passions? c'est le pendule qui se moque de son ressort, et l'effet qui méconnoît sa cause.

idée qu'en avoit l'ancienne Rome sous le consulat du premier des Brutus (21).

Qu'on est donc loin encore d'un bon plan d'instruction! Peu d'accord avec eux-mêmes, les parents et les maîtres ignorent également ce qu'ils doivent enseigner aux enfants. Ils n'ont sur l'éducation que des idées confuses; et de là la contradiction révoltante de tous leurs préceptes.

CHAPITRE X.

Exemple des idées ou préceptes contradictoires reçus dans la premiere jeunesse.

Qu'on me pardonne si, pour faire plus vivement sentir la contradiction de tous les préceptes de notre éducation, je suis forcé de descendre à un ton peu noble : le sujet l'exige. C'est dans les maisons religieuses et destinées à l'instruction des jeunes filles que ces contradictions sont le plus frappantes. J'entre donc au couvent. Il est huit heures du matin ; c'est le temps de la conférence, celui où, dans un discours sur la pudeur, la supérieure prouve qu'une pensionnaire ne doit jamais lever les yeux sur un homme. Neuf heures sonnent ; le maître à danser est au parloir. Formez bien vos pas, dit-il à son écoliere ; levez cette tête, et regardez toujours votre danseur. Or, lequel croire du maître de danse ou de la prieure ? La pensionnaire l'ignore, et n'acquiert ni les graces que le premier veut lui donner, ni la réserve que la seconde lui prêche. Or, à quoi rapporter ces contradictions dans l'instruction, sinon aux desirs contradictoires qu'ont les parents que leur fille soit à-la-fois agréable et réservée, et qu'elle joigne la pruderie du cloître aux graces du théâtre? Ils veulent concilier les inconciliables (a).

L'instruction turque est peut-être la seule conséquente à ce qu'en ce pays l'on exige des femmes (22).

Les préceptes de l'éducation seront incertains et vagues tant qu'on ne les rapportera point à un but unique. Quel peut être ce but? Le plus grand avantage public, c'est-à-dire le plus grand plaisir et le plus grand bonheur du plus grand nombre des citoyens.

Les parents perdent-ils cet objet de

(a) On desire qu'une fille soit vraie et ingénue. On lui présente un époux : il ne lui plaît pas : elle le dit : on le trouve mauvais. Les parents veulent donc qu'elle soit vraie ou fausse suivant l'intérêt qu'ils ont qu'elle soit l'un ou l'autre.

vue? ils errent çà et là dans les voies de l'instruction. La mode seule est leur guide. Ils apprennent d'elle que pour faire de leur fille une musicienne il faut lui payer un maître de musique, et ils ignorent que pour lui donner des idées nettes de la vertu il faut pareillement lui payer un maître de morale.

Lorsqu'une mere s'est chargée de l'éducation de sa fille, elle lui dit le matin, en mettant son rouge, que la beauté n'est rien, que la bonté et les talents sont tout (a). On entre en ce moment à la toilette de la mere; chacun répete à la petite fille qu'elle est

(a) Assure-t-on une fille que sans talents on reste sans époux? elle apprendra demain que la plus sotte de ses compagnes a fait un excellent mariage parcequ'elle avoit tant de dot, et qu'on n'épouse plus que la dot.

jolie : on ne la loue pas une fois l'an sur ses talents et son humanité (a). D'ailleurs les seules récompenses promises à son application, à ses vertus, sont des parures : et l'on veut cependant que la petite fille soit indifférente à sa beauté. Quelle confusion une telle conduite ne doit-elle pas jeter dans ses idées !

L'instruction d'un jeune homme n'est pas plus conséquente. Le premier devoir qu'on lui prescrit c'est l'observation des lois, le second c'est leur violation lorsqu'on l'offense ; il doit, en cas d'insulte, se battre sous

(a) Si l'on ne loue communément que la beauté dans une fille, c'est que la beauté est réellement la qualité la plus intéressante, la plus desirable, dans celle à qui l'on fait visite, et dont on n'est ni le mari ni l'ami, et que chez les femmes les hommes ne sont jamais qu'en visite.

peine de déshonneur. Lui prouve-t-on que c'est par des services rendus à la patrie qu'on obtient la considération de ce monde et la gloire céleste? quels modeles d'imitation lui propose-t-on? un moine, un dervis fanatique et fainéant, dont l'intolérance a porté le trouble et la désolation dans les empires.

Un pere vient de recommander à son fils la fidélité à sa parole. Un théologien survient, et dit à ce fils qu'on n'en est pas tenu envers les ennemis de Dieu; que Louis XIV par cette raison révoqua l'édit de Nantes, donné par ses ancêtres ; que le pape a décidé cette question en déclarant nul tout traité contracté entre les princes hérétiques et catholiques, en accordant enfin aux derniers le droit de le violer s'ils sont les plus forts.

Un prédicateur prouve en chaire que le Dieu des chrétiens est un Dieu de vérité ; que c'est à leur haine pour le mensonge qu'on reconnoît ses adorateurs (23). Est-il descendu de chaire? il convient qu'il est très prudent de la taire (24) ; que lui-même, en louant la vérité, se garde bien de la dire (25). L'homme en effet qui dans les pays catholiques écriroit l'histoire vraie de son temps souleveroit contre lui tous les adorateurs de ce Dieu de vérité (26). Dans de tels pays, l'homme à l'abri de la persécution est le muet, le sot, ou le menteur.

Qu'à force de soins un instituteur parvienne enfin à inspirer à son éleve la douceur et l'humanité, le directeur entre, et dit à cet éleve qu'on peut pardonner aux hommes leurs vices, et non leurs erreurs ; que dans ce dernier cas l'indulgence est un crime, et qu'il faut brûler quiconque ne pense pas comme lui.

Telle est l'ignorance et la contradiction du théologien, qu'il déclame encore contre les passions au moment même qu'il veut exciter l'émulation de son disciple. Il oublie alors que l'émulation est une passion, et même une passion très forte, à en juger par ses effets.

Tout est donc contradiction dans l'éducation. Quelle en est la cause? L'ignorance où l'on est des vrais principes de cette science : on n'en a que des idées confuses. Il faudroit éclairer les hommes; le prêtre s'y oppose. La vérité luit-elle un moment sur eux? il en absorbe les rayons dans les ténebres religieuses de sa scholastique. L'erreur et le crime cherchent tous deux l'obscurité, l'une des mots (27), l'autre de la nuit. Qu'au reste on ne rapporte point à la seule théologie toutes les contradictions de notre éducation; il en est aussi qu'on doit aux vices des gouvernements. Comment persuader à l'adolescent d'être fidele, d'être sûr dans la société, et d'y respecter les secrets d'autrui, lorsqu'en Angleterre même le gouvernement, sous le prétexte même le plus frivole, ouvre les lettres des particuliers, et trahit la confiance publique? Comment se flatter de lui inspirer l'horreur de la délation et de l'espionnage, s'il voit les espions honorés, pensionnés, et comblés de bienfaits?

On veut qu'au sortir du college un jeune homme se répande dans le monde, qu'il s'y rende agréable, qu'il y soit toujours chaste : est-ce au moment où le besoin d'aimer se fait le plus vivement sentir, qu'insensible aux attraits des femmes un jeune homme peut vivre sans desir au milieu d'elles (a)? La stupidité paternelle s'imagineroit-elle, lorsque le gouvernement fait bâtir des salles d'opéra, lorsque l'usage en ouvre l'entrée à la jeunesse, que, jalouse de sa virginité, elle voie toujours d'un œil indifférent un spectacle où les transports, les plaisirs et le pouvoir de l'amour, sont peints des plus vives couleurs, et où

(a) Je suppose qu'on voulût réellement attiédir dans les jeunes gens les desirs de l'amour; que faire? Instituer des exercices violents, et en inspirer le goût à la jeunesse. L'exercice est en ce genre le sermon le plus efficace. Plus on transpire, plus on dépense d'esprits animaux, moins il reste de force pour l'amour. La froideur et l'indifférence des sauvages du Canada tiennent à la fatigue et à l'épuisement éprouvés dans des chasses longues et pénibles.

cette passion pénetre dans les ames par les organes de tous les sens (a)?

Je ne finirois pas si je voulois donner la liste de toutes les contradictions de l'éducation européenne, et sur-tout de la papiste. Dans le brouillard de ses préceptes, comment reconnoître le sentier de la vertu? le catholique s'en écarte donc souvent. Aussi, sans principes fixes à cet égard, c'est

(a) Qu'on ne conclue point de ce texte que je veuille détruire les salles d'opéra ou de comédie. Je ne condamne ici que la contradiction entre nos usages et les préceptes actuels de notre morale. Je ne suis ni ennemi des spectacles, ni sur ce point de l'avis de M. Rousseau. Les spectacles sont sans contredit un plaisir. Or il n'est point de plaisir qui, dans les mains d'un gouvernement sage, ne puisse devenir un principe productif de vertu lorsqu'il en est la récompense.

aux positions où il se trouve, aux livres, aux amis, et enfin aux maîtresses que le hasard lui donne, qu'il doit ses vices ou ses vertus. Mais est-il un moyen de rendre l'éducation de l'homme plus indépendante du hasard? et comment faire pour y réussir?

N'enseigner que le vrai. L'erreur se contredit toujours ; la vérité jamais.

Ne point abandonner l'éducation des citoyens à deux puissances qui, divisées d'intérêt, enseigneront toujours deux morales (28) contradictoires.

Il est temps que, sous le titre de saints ministres de la morale, les magistrats la fondent sur des principes simples, conformes à l'intérêt général, et dont tous les citoyens puissent se former des idées également justes et précises. Mais la simplicité et l'uniformité de ces principes conviendroit-elle aux différentes passions des hommes?

Leurs desirs peuvent être différents, mais leur maniere de voir est essentiellement la même : ils agissent mal, et voient bien. Tous naissent avec l'esprit juste; tous saisissent la vérité lorsqu'on la leur présente clairement. Quant à la jeunesse, elle en est d'autant plus avide qu'elle a moins d'habitudes à rompre et d'intérêt à voir les objets différents de ce qu'ils sont. Ce n'est pas sans peine qu'on parvient à fausser l'esprit des jeunes gens : il faut pour cet effet toute la patience et tout l'art de l'éducation actuelle ; encore entrevoient-ils de temps en temps, à la lueur de la raison naturelle, la fausseté des opinions dont on a chargé leur mémoire. Quand en auront-ils de saines? Lorsque le système religieux se confondra avec le système du bonheur national; lorsque les religions, instruments habituels de l'ambition sacerdotale, le deviendront de la félicité publique.

CHAPITRE XI.

Des fausses religions.

«Toute religion, dit Hobbes, fon-« dée sur la crainte d'un pouvoir invi-« sible est un conte qui, avoué d'une « nation, porte le nom de religion; « désavoué de cette même nation, « porte le nom de superstition ». Les neuf incarnations de Wistmou sont religion aux Indes, et conte à Nuremberg.

Je ne m'autoriserai point de cette définition pour nier la vérité de la religion. Si j'en crois ma nourrice et mon précepteur, toute autre religion est fausse ; la mienne seule est la vraie. Mais est-elle reconnue pour telle par l'univers ? Non ; la terre gémit encore sous une multitude de temples consacrés à l'erreur. Il n'en est aucune qui ne soit la religion de quelques contrées.

L'histoire des Numa, des Zoroastres, des Mahomet, et de tant de fondateurs de cultes modernes, nous apprend que toutes les religions peuvent être considérées comme des institutions politiques qui ont une grande influence sur le bonheur des nations. Je pense donc, puisque l'esprit humain produit encore de temps en temps des religions nouvelles, qu'il est important, pour les rendre le moins malfaisantes possible, d'indiquer le plan à suivre dans leur création.

Toutes les religions sont fausses, à

l'exception de la religion chrétienne; mais je ne la confonds pas avec le papisme.

CHAPITRE XII.

Le papisme est d'institution humaine.

Le papisme n'est aux yeux d'un homme sensé qu'une pure idolâtrie (29). L'église romaine n'y voyoit sans doute qu'une institution humaine, lorsqu'elle faisoit de cette religion un usage scandaleux, un instrument de son avarice et de sa grandeur; qu'elle s'en servoit pour favoriser les projets criminels des papes, et légitimer leur avidité et leur ambition. Mais ces imputations, disent les papistes, sont calomnieuses.

Pour en prouver la vérité, je demande s'il est vraisemblable que des chefs d'ordres monastiques regardassent la religion comme divine, lorsque, pour enrichir eux et leurs couvents, ils défendoient aux moines d'enterrer en terre sainte quiconque mouroit sans leur rien laisser; s'ils étoient eux-mêmes dupes d'une croyance publiquement professée, lorsqu'ils se rendoient (30) propriétaires des biens qu'en qualité d'économes des pauvres ils devoient leur distribuer; si les papes croyoient réellement pratiquer la justice et l'humilité lorsqu'ils se déclaroient les distributeurs des royaumes de l'Amérique, sur lesquels ils n'avoient aucun droit; lorsque, par une ligne de démarcation, ils partageoient cette partie du monde (31) entre les Espagnols et les Portugais; lorsqu'ils prétendoient enfin commander aux princes, ordonner de leur temporel, et disposer arbitrairement des couronnes.

O papistes, examinez quelle fut en tous les siecles la conduite de votre église! Eut-elle intérêt d'entretenir garnison romaine dans tous les empires, et de s'attacher un grand nombre d'hommes? (c'est l'intérêt de toute secte ambitieuse). Elle institua un grand nombre d'ordres religieux, fit construire et renter un grand nombre de monasteres, eut enfin l'adresse de faire soudoyer cette milice ecclésiastique par les nations mêmes où elle l'établissoit.

Le même motif lui faisant desirer la multiplication du clergé séculier, elle multiplia les sacrements; et les peuples, pour se les faire administrer, furent forcés d'augmenter le nombre de leurs prêtres; il égala bientôt celui des sauterelles de l'Égypte. Comme elles ils dévorerent les moissons, et ces prêtres séculiers et réguliers furent entretenus aux dépens des nations catholiques. Pour lier ces prêtres plus étroitement à ses intérêts et jouir sans partage de leur affection, l'église voulut encore que, célibataires forcés, ils vécussent sans femmes, sans enfants, mais d'ailleurs dans un luxe et une aisance qui de jour en jour leur rendît leur état plus cher. Ce n'est pas tout; pour accroître encore et sa richesse et son pouvoir, l'église romaine tenta, sous le nom du denier S. Pierre ou autre, de lever des impôts dans tous les royaumes. Elle ouvrit à cet effet une banque entre le ciel et la terre, et fit, sous le nom d'indulgences, payer argent comptant dans ce monde des billets à ordre directement tirés sur le paradis.

Or, lorsqu'en tous les siecles on

voit le sacerdoce sacrifier constamment la vertu au desir de la grandeur et de la richesse; lorsqu'en étudiant l'histoire des papes, de leur politique, de leur ambition, de leurs mœurs, enfin de leur conduite, on la trouve si différente de celle prescrite par l'évangile; comment imaginer que les chefs de cette religion aient vu en elle autre chose qu'un moyen d'envahir la puissance et les trésors de la terre (32)? D'après les mœurs et la conduite des moines, du clergé et des pontifes, un réformé peut, je crois, montrer, pour la justification de sa croyance et l'avantage des nations, que le papisme ne fut jamais qu'une institution humaine. Mais pourquoi les religions n'ont-elles été jusqu'à présent que locales? seroit-il possible d'en concevoir une qui devînt universelle?

CHAPITRE XIII.

De la religion universelle.

Une religion universelle ne peut être fondée que sur des principes éternels, invariables, et qui, susceptibles comme les propositions de la géométrie des démonstrations les plus rigoureuses, soient puisés dans la nature de l'homme et des choses. Est-il de tels principes ? et ces principes connus peuvent-ils également convenir à toutes les nations? Oui sans doute ; et s'ils varient, ce n'est que dans quelques unes de leurs applications aux contrées différentes où le hasard place les divers peuples.

Mais, entre les principes ou lois convenables à toutes les sociétés, quelle est la premiere et la plus sacrée ? Celle qui promet à chacun la propriété de ses biens, de sa vie, et de sa liberté.

Est-on propriétaire incertain de sa terre? on ne laboure point son champ, on ne cultive point son verger. Une nation est bientôt ravagée et détruite par la famine. Est-on propriétaire incertain de sa vie et de sa liberté? l'homme toujours en crainte est sans courage et sans industrie; uniquement occupé de sa conservation personnelle, et resserré en lui-même, il ne porte point ses vues au dehors, le bien public l'intéresse peu; il n'étudie point la science de l'homme; il n'en observe ni les desirs ni les passions. Ce n'est cependant que dans cette connoissance préliminaire qu'on peut puiser celle des lois les plus conformes au bien public.

Par quelle fatalité de telles lois, si nécessaires aux sociétés, leur sont-elles encore inconnues? pourquoi le ciel ne les leur a-t-il pas révélées? Le ciel, répondrai-je, a voulu que l'homme par sa raison coopérât à son bonheur, et que dans les sociétés nombreuses (33) le chef-d'œuvre d'une excellente législation fût, comme celui des autres sciences, le produit de l'expérience et du génie.

Dieu a dit à l'homme : Je t'ai créé, je t'ai donné cinq sens, je t'ai doué de mémoire, et par conséquent de raison. J'ai voulu que ta raison, d'abord aiguisée par le besoin, éclairée ensuite par l'expérience, pourvût à ta nourriture, t'apprît à féconder la terre, à perfectionner les instruments du labourage, de l'agriculture, enfin toutes les sciences de premiere nécessité; j'ai voulu que, cultivant cette même raison, tu parvinsses à la connoissance de mes volontés morales, c'est-à-dire de tes devoirs envers la société, des moyens d'y maintenir l'ordre, enfin à la connoissance de la meilleure législation possible.

Voilà le seul culte auquel je veux que l'homme s'éleve, le seul qui puisse devenir universel, le seul digne d'un Dieu, et qui soit marqué de son sceau et de celui de la vérité: tout autre culte porte l'empreinte de l'homme, de la fourberie, et du mensonge. La volonté d'un Dieu juste et bon, c'est que les fils de la terre soient heureux, et qu'ils jouissent de tous les plaisirs compatibles avec le bien public.

Tel est le vrai culte, celui que la philosophie doit révéler aux nations. Nuls autres saints dans une telle religion que les bienfaiteurs de l'humanité, que les Lycurgue, les Solon, les Sydney, que les inventeurs de quelque art, de quelque plaisir nouveau, mais conforme à l'intérêt général; nuls autres réprouvés au contraire que les malfaiteurs envers la société, et les atrabilaires ennemis de ses plaisirs.

Les prêtres seront-ils un jour les apôtres d'une telle religion? l'intérêt le leur défend. Les nuages répandus sur les principes de la morale et de la législation (qui ne sont essentiellement que la même science) y ont été amoncelés par leur politique. Ce n'est plus désormais que sur la destruction de la plupart des religions qu'on peut dans les empires jeter les fondements d'une morale saine. Plût à Dieu que les prêtres, susceptibles d'une ambition noble, eussent cherché dans les principes constitutifs de l'homme les lois invariables sur lesquelles la nature et le ciel veulent qu'on édifie le bonheur des sociétés!

Plût à Dieu que les systêmes religieux pussent devenir le palladium de la félicité publique! c'est aux prêtres qu'on en confieroit la garde. Ils jouiroient d'une gloire et d'une grandeur fondée sur la reconnoissance publique. Ils pourroient se dire chaque jour: C'est par nous que les mortels sont heureux. Une telle grandeur, une gloire aussi durable, leur paroît vile et méprisable. Vous pouviez, ô ministres des autels, devenir les idoles des hommes éclairés et vertueux; vous avez préféré de commander à des superstitieux et à des esclaves; vous vous êtes rendus odieux aux bons citoyens, parceque vous êtes la plaie des nations, l'instrument de leur malheur, et les destructeurs de la vraie morale.

La morale fondée sur des principes vrais est la seule vraie religion. Cependant s'il étoit des hommes dont la crédulité avide (34) ne trouvât à se satisfaire que dans une religion mystérieuse, que les amis du merveilleux sachent, du moins parmi les religions de cette espece, quelle est celle dont l'établissement seroit le moins funeste aux nations.

CHAPITRE XIV.

Des conditions sans lesquelles une religion est destructive du bonheur national.

Une religion intolérante, une religion dont le culte exige une dépense considérable, est sans contredit une religion nuisible. Il faut qu'à la longue son intolérance dépeuple l'empire, et que son culte trop coûteux le ruine (35). Il est des royaumes catholiques où l'on compte à-peu-près quinze mille couvents, douze mille prieurés, quinze mille chapelles, treize cents abbayes, quatre-vingt-dix mille prêtres employés à desservir quarante-cinq mille paroisses ; où l'on compte en outre une infinité d'abbés, de séminaristes, et d'ecclésiastiques de toute espece. Leur nombre total compose au moins celui de trois cent mille hommes. Leur dépense suffiroit à l'entretien d'une marine et d'une armée de terre formidable. Une religion aussi à charge à un état (36) ne peut être long-temps la religion d'un empire éclairé et policé (37). Un peuple qui s'y soumet ne travaille plus que pour l'entretien du luxe et de l'aisance des prêtres, et chacun des citoyens n'est qu'un serf du sacerdoce.

Pour être bonne, il faut qu'une religion soit et peu coûteuse (38) et tolérante ; il faut que son clergé ne puisse rien sur le citoyen. La crainte du prêtre dégrade l'esprit et l'ame, abrutit l'un, avilit l'autre. Armera-t-on toujours d'un glaive les ministres des autels ? ignore-t-on les barbaries commises par leur intolérance ? Que de sang répandu par elle ! la terre en est encore abreuvée. Pour assurer la paix des nations, ce n'est point assez de la tolérance civile ; l'ecclésiastique doit concourir au même but. Tout dogme est un germe de discorde et de crime jeté entre les hommes. Quelle est la religion vraiment tolérante ? Celle ou qui n'a, comme la païenne, aucun dogme, ou qui se réduit, comme celle des philosophes, à une morale saine et élevée, qui sans doute sera un jour la religion de l'univers.

Il faut de plus qu'une religion soit

douce et humaine; que ses cérémonies n'aient rien de triste et de sévere; qu'elle présente par-tout des spectacles pompeux et des fêtes (39) agréables; que son culte excite des passions, mais des passions dirigées au bien général : la religion qui les étouffe produit des talapoins, des bonzes, des bramines, et jamais de héros, d'hommes illustres et de grands citoyens.

Une religion est-elle gaie? sa gaieté suppose une noble confiance dans la bonté de l'Être suprême. Pourquoi en faire un tyran oriental, lui faire punir des fautes légeres par des châtiments éternels? Pourquoi mettre ainsi le nom de la divinité au bas du portrait du diable? Pourquoi comprimer les ames sous le poids de la crainte, briser leurs ressorts, et d'un adorateur de Jésus faire un esclave vil et pusillanime? Ce sont les méchants qui peignent Dieu méchant. Qu'est-ce que leur dévotion? un voile à leurs crimes.

Une religion s'écarte du but politique qu'elle se propose, lorsque l'homme juste, humain envers ses semblables, lorsque l'homme distingué par ses talents et ses vertus, n'est point assuré de la faveur du ciel; lorsqu'un desir momentané, un mouvement de colere, ou l'omission d'une messe, peut à jamais l'en priver.

Que les récompenses célestes ne soient point dans une religion le prix de quelques pratiques minutieuses, qui donnent des idées petites de l'Éternel et fausses de la vertu: de telles récompenses ne doivent point s'obtenir par le jeûne, le cilice, l'obéissance aveugle, et la discipline.

L'homme qui place ces pratiques

au nombre des vertus y peut placer aussi l'art de sauter, de danser, de voltiger sur la corde. Qu'importe aux nations qu'un jeune homme se fesse ou fasse le saut périlleux ?

Si l'on a jadis divinisé la fievre, pourquoi n'a-t-on pas encore divinisé le bien public ? pourquoi ce dieu n'a-t-il pas encore son culte, son temple, et ses prêtres (40) ? Par quelle raison enfin faire une vertu sublime de l'abnégation de soi-même ? L'humanité est dans l'homme la seule vertu vraiment sublime : c'est la premiere et peut-être la seule que les religions doivent inspirer aux hommes ; elle renferme en elle presque toutes les autres.

Qu'au couvent l'on ait l'humilité en vénération, à la bonne heure ; elle favorise la vileté et la paresse (41) monastique : mais cette humilité doit-elle être la vertu d'un peuple? Non: le noble orgueil fut toujours celle d'une nation célebre. C'est le mépris des Grecs et des Romains pour les peuples esclaves; c'est le sentiment juste et fier de leurs forces et de leur courage, qui, concurremment avec leurs lois, leur soumit l'univers. L'orgueil, dira-t-on, attache l'homme à la terre. Tant mieux: l'orgueil a donc son utilité. Loin de combattre, que la religion fortifie dans l'homme l'attachement aux choses terrestres; que tout citoyen s'occupe du bonheur, de la gloire et de la puissance de sa patrie; que la religion, panégyriste de toute action conforme à l'avantage du plus grand nombre, sanctifie tout établissement utile, et ne le détruise jamais; que l'intérêt des puissances spirituelle et temporelle soit un et toujours le même; que ces deux puissances soient réunies comme à Rome dans les mains des magistrats (42); que la voix du ciel soit désormais celle du bien public; et que les oracles des dieux confirment toute loi avantageuse au peuple.

CHAPITRE XV.

Parmi les fausses religions, quelles ont été les moins nuisibles au bonheur des sociétés?

LA premiere que je cite c'est la religion païenne. Mais, lors de son institution, cette prétendue religion n'étoit proprement que le système allégorisé de la nature. Saturne étoit le temps, Cérès la matiere, Jupiter l'esprit générateur (43). Toutes les fables de la mythologie n'étoient que les emblêmes de quelques principes de la nature. En la considérant comme systême religieux, étoit-il si absurde (a) d'honorer sous divers noms les différents attributs de la divinité ?

Dans les temples de Minerve, de Vénus, de Mars, d'Apollon, et de la Fortune, qu'adoroit-on ? Jupiter, tour-à-tour considéré comme sage, comme beau, comme fort, comme éclairant et fécondant l'univers. Est-il plus raisonnable d'édifier sous les noms de S. Eustache, de S. Martin, ou de S. Roch, des églises à l'Être suprême ? Mais les païens s'agenouilloient devant des statues de bois ou de pierre. Les catholiques en font autant ; et, si l'on en juge par les signes extérieurs, ils ont souvent pour leurs

(a) Nous sommes étonnés de l'absurdité de la religion païenne. Celle de la religion papiste étonnera bien davantage un jour la postérité.

saints plus de vénération que pour l'Éternel.

Au reste je veux que la religion païenne ait été réellement la plus absurde : c'est un tort à une religion d'être absurde ; son absurdité peut avoir des conséquences funestes. Cependant ce tort n'est pas le plus grand de tous ; et si ses principes ne sont pas entièrement destructifs du bonheur public, et que ses maximes puissent s'accorder avec les lois et l'utilité générale, c'est encore la moins mauvaise de toutes.

Telle étoit la religion païenne. Jamais d'obstacles mis par elle aux projets d'un législateur patriote. Elle étoit sans dogmes, par conséquent humaine et tolérante. Nulle dispute, nulle guerre entre ses sectateurs, que ne pût prévénir l'attention la plus légere des magistrats. Son culte d'ailleurs n'exigeoit point un grand nombre de prêtres, et n'étoit point nécessairement à charge à l'état.

Les dieux lares et domestiques suffisoient à la dévotion journaliere des particuliers. Quelques temples élevés dans de grandes villes, quelques colleges de prêtres, quelques fêtes pompeuses, suffisoient à la dévotion nationale. Ces fêtes, célébrées dans les temps où la cessation des travaux de la campagne permet à ses habitants de se rendre dans les villes, devenoient pour eux des plaisirs. Quelque magnifiques que fussent ces fêtes, elles étoient rares, et par conséquent peu dispendieuses. La religion païenne n'avoit donc essentiellement aucun des inconvénients du papisme.

Cette religion des sens étoit d'ailleurs la plus faite pour des hommes, la plus propre à produire ces impressions fortes qu'il est quelquefois nécessaire au législateur de pouvoir exciter en eux. Par elle l'imagination toujours tenue en action soumettoit la nature entiere à l'empire de la poésie, vivifioit toutes les parties de l'univers, animoit tout. Le sommet des montagnes, l'étendue des plaines, l'épaisseur des forêts, la source des ruisseaux, la profondeur des mers, étoient par elle peuplés d'oréades, de faunes, de napées, d'hamadryades, de tritons, de néréides. Les dieux et les déesses vivoient en société avec les mortels, prenoient part à leurs fêtes, à leurs guerres, à leurs amours. Neptune alloit souper chez le roi d'Éthiopie; les belles et les héros s'asseyoient parmi les dieux; Latone avoit ses autels; Hercule déifié épousoit Hébé. Les héros moins célebres habitoient les champs et les bocages de l'Élysée. Ces champs. embellis depuis par l'imagination brûlante du prophete qui y transporta les houris, étoient le séjour des guerriers et des hommes illustres en tous les genres. C'est là qu'Achille, Patrocle, Ajax, Agamemnon, et tous les guerriers qui combattoient sous les murs de Troie, s'occupoient encore d'exercices militaires ; c'est là que les Pindare et les Homere célébroient encore les jeux olympiques et les exploits des Grecs.

L'espece d'exercice et de chant qui sur la terre avoit fait l'occupation des héros et des poëtes, tous les goûts enfin qu'ils y avoient contractés, les suivoient encore dans les enfers. Leur mort n'étoit proprement qu'une prolongation de leur vie.

Cette religion donnée, quel devoit être le desir le plus vif, l'intérêt le plus puissant des païens? celui de servir leur patrie par leurs talents, leur courage, leur intégrité, leur générosité, et leurs vertus. Il étoit important pour eux de se rendre chers à ceux avec qui ils devoient dans les enfers continuer de vivre après leur mort. Loin d'étouffer l'enthousiasme qu'une législation sage donne pour la vertu et les talents, cette religion l'excitoit encore. Convaincus de l'utilité des passions, les anciens législateurs ne se proposoient point de les étouffer. Que trouver chez un peuple sans desir? sont-ce des commerçants, des capitaines, des soldats, des hommes de lettres, des ministres habiles? Non; mais des moines.

Un peuple sans industrie, sans courage, sans richesses, sans science, est l'esclave né de tout voisin assez audacieux pour lui donner des fers. Il faut des passions aux hommes ; et la religion païenne n'en éteignoit point en eux le feu sacré et vivifiant. Peut-être celle des Scandinaves, peu différente de celle des Grecs et des Romains, portoit-elle encore plus efficacement les hommes à la vertu. La réputation étoit le dieu de ces peuples ; c'étoit de ce seul dieu que les citoyens attendoient leur récompense ; chacun vouloit être le fils de la réputation ; chacun honoroit dans les bardes les distributeurs de la gloire et les prêtres du temple de la Renommée (a). Le silence des bardes étoit redouté des guerriers et

(a) L'avantage de cette religion sur les autres est inappréciable ; elle ne récompense que les talents et les actions utiles à la patrie : et le paradis est dans les autres le prix du jeûne, de la retraite, de la macération, et de vertus aussi folles qu'inutiles à la société.

des princes même. Le mépris étoit le partage de quiconque n'étoit pas fils de la réputation. Le langage de la flatterie étoit alors inconnu aux poëtes: séveres et incorruptibles, habitants d'un pays libre, ils ne s'étoient point encore avilis par la bassesse de leurs éloges. Nul d'entre eux n'eût osé célébrer un nom que l'estime publique n'eût pas déja consacré: pour obtenir cette estime, il falloit avoir rendu des services à la patrie. Le desir religieux et vif d'une renommée immortelle excitoit donc les hommes à s'illustrer par leurs talents et leurs vertus. Que d'avantages une telle religion, plus pure d'ailleurs que la païenne, ne pourroit-elle pas procurer à une nation !

Mais comment établir cette religion dans une société déja formée? on sait quel est l'attachement du peuple pour son culte, pour ses dieux actuels, et son horreur pour un culte nouveau. Quel moyen de changer à cet égard les opinions reçues?

Ce moyen est peut-être plus facile qu'on ne pense. Que chez un peuple la raison soit tolérée, elle substituera la religion de la Renommée à toute autre. N'y substituât-elle que le déisme, quel bien n'auroit-elle pas fait à l'humanité! Mais le culte rendu à la divinité se conserveroit-il long-temps pur? le peuple est grossier; la superstition est sa religion. Les temples élevés d'abord à l'Éternel seroient bientôt consacrés à ses diverses perfections: l'ignorance en feroit autant de dieux. Soit, et jusques-là que le magistrat la laisse faire; mais qu'arrivée à ce terme, ce même magistrat, attentif à diriger la marche de l'ignorance, et sur-tout de la superstition, ne la perde point de vue ; qu'il la reconnoisse quelque forme qu'elle prenne ; qu'il s'oppose à l'établissement de tout dogme, de tous principes, contraires à ceux d'une bonne morale, c'est-à-dire à l'utilité publique.

Tout homme est jaloux de sa gloire. Un magistrat, comme à Rome, réunît-il en sa personne le double emploi de sénateur et de ministre des autels (44), le prêtre sera toujours en lui subordonné au sénateur, et la religion toujours subordonnée au bonheur public.

L'abbé de S.-Pierre l'a dit : Le prêtre ne peut être réellement utile qu'en qualité d'officier de morale. Or qui mieux que le magistrat peut remplir cette noble fonction ? Qui mieux que lui peut faire sentir et les motifs d'intérêt général sur lesquels sont fondées les lois particulieres, et l'indissolubilité du lien qui unit le bonheur des individus au bonheur général?

Quelle puissance n'auroit pas sur les esprits une instruction morale donnée par un sénat! avec quels respects les peuples n'en recevroient-ils pas les décisions! C'est uniquement du corps législatif qu'on peut attendre une religion bienfaisante, et qui d'ailleurs, peu coûteuse et tolérante, n'offriroit que des idées grandes et nobles de la divinité, n'allumeroit dans les ames que l'amour des talents et des vertus, et n'auroit enfin, comme la législation, que la félicité des peuples pour objet.

Que des magistrats éclairés soient revêtus de la puissance temporelle et spirituelle, toute contradiction entre les préceptes religieux et patriotiques disparoîtra : tous les citoyens adopteront les mêmes principes de morale, et se formeront la même idée d'une science dont il est si important que tous soient également instruits.

Peut-être s'écoulera-t-il plusieurs siecles avant de faire dans les fausses religions les changements qu'exige le bonheur de l'humanité. Qu'arrivera-t-il jusqu'à ce moment? que les hommes n'auront que des idées confuses de la morale; idées qu'ils devront à la différence de leurs positions et au hasard, qui, ne plaçant jamais deux hommes précisément dans le même concours de circonstances, ne leur permettra jamais de recevoir les mêmes instructions et d'acquérir les mêmes idées. D'où je conclus que l'inégalité actuelle apperçue entre l'esprit des divers hommes ne peut être regardée comme une preuve de leur inégale aptitude à en avoir.

NOTES.

(1) La science de l'homme est la science des sages. Les intrigants se croient à cet égard fort supérieurs au philosophe. Ils connoissent en effet mieux que lui la coterie du ministre ; ils conçoivent en conséquence la plus haute idée de leur mérite. Sont-ils curieux de l'apprécier ? qu'ils écrivent sur l'homme, qu'ils publient leurs pensées ; et le cas qu'en fera le public leur apprendra celui qu'ils doivent en faire eux-mêmes.

(2) Le ministre connoît mieux que le philosophe le détail des affaires ; ses connoissances en ce genre sont plus étendues : mais ce dernier a plus le loisir d'étudier le cœur humain, et le connoît mieux que le ministre. L'un et l'autre, par leurs divers genres d'étude, sont destinés à s'entr'éclairer. Que l'homme en place qui veut le bien se fasse ami et protecteur des lettres. Avant la défense faite à Paris de

ne plus imprimer que des catéchismes et des almanachs, ce fut aux brochures multipliées des gens instruits que la France dut le bienfait de l'exportation des grains. Des savants en démontrerent les avantages. Le ministre qui se trouvoit alors à la tête des finances profita de leurs lumieres.

(5) A quelque degré de perfection qu'on portât l'éducation, qu'on n'imagine cependant pas qu'on fît des gens de génie de tous les hommes à portée de la recevoir. On peut par son secours exciter l'émulation des citoyens, les habituer à l'attention, ouvrir leurs cœurs à l'humanité, leur esprit à la vérité, faire enfin de tous les citoyens, sinon des gens de génie, du moins des gens d'esprit et de sens : mais, comme je le prouverai dans la suite de cet ouvrage, c'est tout ce que peut la science perfectionnée de l'éducation, et c'est assez. Une nation généralement composée de pareils hommes seroit sans contredit la premiere de l'univers.

(4) A Vienne, à Paris, à Lisbonne, et dans tous les pays catholiques, on permet la vente des opéra, des comédies, des romans, et même de quelques bons livres de géométrie et de médecine. En France, l'approbation du censeur est pour l'auteur presque toujours un certificat de sottise. Elle annonce un livre sans ennemis, dont on dira d'abord du bien, parcequ'on n'en pensera point, parcequ'il n'excitera point l'envie, ne blessera l'orgueil de personne, et ne répétera que ce que tout le monde sait. L'éloge général et du moment est presque toujours exclusif de l'éloge à venir.

(5) Le scholastique, dit le proverbe anglais, n'est qu'un pur âne, qui, n'ayant ni la douceur du vrai chrétien, ni la raison du philosophe, ni l'affabilité du courtisan, n'est qu'un objet ridicule.

(6) Quelle est la science des scholastiques? Celle d'abuser des mots, et d'en rendre la signification incertaine. C'étoit

par la vertu de certains mots barbares qu'autrefois les magiciens édifioient, détruisoient, des châteaux enchantés, ou du moins leur apparence. Qu'on se défie donc de tout écrit où l'on fait trop fréquemment usage du langage de l'école. La langue usuelle suffit presque toujours à quiconque a des idées claires. Qui veut instruire et non duper les hommes doit parler leur langue.

(7) Il est peu de pays où l'on étudie la science de la morale et de la politique. On permet rarement aux jeunes gens d'exercer leur esprit sur des sujets de cette espece. Le sacerdoce ne veut pas qu'ils contractent l'habitude du raisonnement. Le mot *raisonnable* est aujourd'hui devenu synonyme d'*incrédule*. « Pour être philosophe, dit Malebranche, « il faut voir évidemment; et pour être « fidele il faut croire aveuglément ». Malebranche ne s'apperçoit pas que de son fidele il fait un sot.

(8) Qu'on s'amuse un moment de la

peinture d'un ridicule; rien de mieux. Tout excellent tableau de cette espece suppose beaucoup d'esprit dans le peintre qui le dessine. Que lui doit la société? Un tribut de reconnoissance et d'éloges proportionné au mal dont la délivre le ridicule jeté sur tels défauts. Une nation qui mettroit de l'importance à ce service se rendroit elle-même ridicule. «Qu'importe, « dit un Anglais, que tel bourgeois soit « singulier dans son humeur, tel petit- « maître recherché dans ses habits, que « telle coquette enfin soit minaudiere? « elle peut rougir, blanchir, moucheter, « son visage, et coucher avec son amant, « sans envahir ma propriété, ou diminuer « mon commerce. L'ennuyeux froisse- « ment d'un éventail qui s'ouvre et se « referme sans cesse n'ébranle point nos « constitutions ». Une nation trop occupée de la coquetterie d'une femme ou de la fatuité d'un petit-maître est à coup sûr une nation frivole.

(9) Toutes les nations ont reproché aux

Français leur frivolité. « Si le Français, « disoit autrefois M. de Saville, est si « frivole, l'Espagnol si grave et si super- « stitieux, l'Anglais si sérieux et si pro- « fond, c'est un effet de la différente « forme de leur gouvernement. C'est à « Paris que doit se fixer l'homme curieux « de bijoux et de parler sans rien dire; « c'est Madrid et Lisbonne que doit habi- « ter quiconque aime à se donner la dis- « cipline et à voir brûler ses semblables; « et c'est à Londres enfin que doit vivre « quiconque veut penser et faire usage de « la faculté qui distingue principalement « l'homme de la brute ». Selon M. de Saville, il n'est que trois objets dignes de réflexion; la nature, la religion, et le gouvernement.

(10) Les jésuites offrent un exemple frappant du pouvoir de l'éducation.

(11) Si tous les Savoyards ont à certains égards le même caractere, c'est que le hasard les place dans des positions à-peu-près semblables, et que

tous reçoivent à-peu-près la même éducation. Pourquoi tous sont-ils voyageurs ? C'est qu'il faut de l'argent pour vivre, et qu'ils n'en ont point chez eux. Pourquoi sont-ils laborieux ? C'est que tous sont indigents ; c'est que, sans secours et sans protection dans le pays où ils se transplantent, ils y ont faim, et que le pain ne s'acquiert que par le travail. Pourquoi sont-ils fideles et actifs ? C'est que, pour être employés de préférence aux nationaux, il faut qu'ils les surpassent en activité et fidélité. Pour quelle raison enfin sont-ils tous économes ? C'est qu'attachés comme tous les hommes à leur pays natal, ils en sortent gueux pour y rentrer riches, et y vivre des épargnes qu'ils auront faites. Supposons donc qu'on eût le plus grand intérêt d'inspirer à un jeune homme les vertus du Savoyard ; que faire ? Le placer dans la même position ; confier quelque temps son éducation au malheur et à l'indigence. Le besoin et la nécessité sont de tous les instituteurs les seuls dont les leçons sont toujours écoutées, et les conseils toujours efficaces.

(12) Shakespear ne jouoit bien qu'un seul rôle ; c'étoit le spectre dans *Hamlet.*

(13) Voyez l'*Extrait du Dictionnaire de Moréri;* l'*Extrait de la République des lettres* (janvier 1685). Dans ce dernier ouvrage on lit cette phrase : « C'est à « une dame à laquelle on donnoit à Rouen « le nom de Mélite que la France doit le « grand Corneille ». C'est pareillement à l'amour que l'Angleterre doit son célebre Hogarth.

(14) La plupart des hommes de génie veulent dès leur premiere jeunesse avoir annoncé ce qu'ils doivent être : c'est leur manie. Rien de plus illusoire et de plus incertain que ces premieres annonces. Newton et Fontenelle n'étoient que des écoliers médiocres. Les classes sont peuplées de jolis enfants ; le monde l'est de sots hommes.

(15) La vie ou la mort, la faveur ou la disgrace d'un patron, décide souvent de notre état et de notre profession. Que d'hommes de génie l'on doit à des accidents de cette espece !

(16) M. Rousseau n'est point insensible; et la preuve sont les injures même qu'il dit aux femmes. Chacune lui peut appliquer ce vers :

Tout, jusqu'à tes mépris, m'a prouvé ton amour.

(17) M. Rousseau dans ses ouvrages m'a toujours paru moins occupé d'instruire que de séduire ses lecteurs. Toujours orateur, et rarement raisonneur, il oublie que, dans les discússions philosophiques, s'il est quelquefois permis de faire usage de l'éloquence, c'est uniquement lorsqu'il s'agit de faire vivement sentir toute l'importance d'une opinion déja reconnue pour vraie. Faut-il, par exemple, retirer les Athéniens de leur assoupissement, et les armer contre Philippe? c'est alors que Démosthene doit

déployer toute la force de l'éloquence : mais, s'il s'agit d'une opinion nouvelle, l'examen en appartient à la discussion. Qui veut alors être éloquent s'égare. Qui sait si dans la chambre des communes d'Angleterre l'on est toujours assez attentif à l'usage différent qu'on doit y faire de l'éloquence et de l'esprit de discussion ?

(18) M. Rousseau connut à Montmorenci M. le maréchal de Luxembourg. Ce seigneur l'aima, honora en lui les talents, le protégea, et par cette protection acquit un droit sur la reconnoissance de tous les gens de lettres. On peut ajouter à la louange de M. de Luxembourg qu'il ne prodigua jamais ses bienfaits à ces insectes de la littérature qui sont la honte de leur protecteur. Des récompenses mal placées découragent les vrais talents.

(19) Douze ou quinze millions saisis en Espagne sur deux procureurs jésuites du Paraguai prouvent qu'en prê-

chant le détachement des richesses les jésuites n'ont jamais été dupes de leurs sermons.

(20) De tous les contes, les plus ridicules sont ceux que les moines font de leurs fondateurs. Ils disent, par exemple, « qu'à la vue d'une biche poursuivie par « des loups S. Lomer leur ordonna de « s'arrêter, ce qu'ils firent incontinent: « que S. Florent, faute de berger, or- « donna à un ours qu'il rencontra de me- « ner paître ses brebis, et que l'ours les « menoit paître tous les jours: que S. Fran- « çois saluoit les oiseaux, leur parloit, « leur faisoit commandement d'ouïr la « parole de Dieu; lesquels oiseaux, en- « tendant parler S. François, se réjouis- « soient d'une façon merveilleuse, alon- « geant le col et entr'ouvrant le bec: « que ce même S. François passa huit « jours avec une cigale, chanta un jour « entier avec un rossignol, guérit un « loup enragé, et lui dit, *Mon frere le « loup, tu dois me promettre que tu*

« *ne seras plus à l'avenir aussi ravis-*
« *sant que tu l'as été;* ce que le loup « promit en inclinant la tête. Alors le « loup lui dit, *Donne-moi ta foi;* ce « que disant, S. François lui tendit la « main pour la recevoir; et le loup, « levant doucement sa patte droite, la « mit entre les mains de S. François ». On lit aussi de plusieurs autres saints qu'ils se plaisoient à s'entretenir avec les brutes.

(21) On n'attache certainement pas d'idée nette au mot *passions* lorsqu'on les regarde comme nuisibles. Ce n'est qu'une vraie dispute de mots. Les théologiens eux-mêmes n'ont jamais dit que la passion vive de l'amour de Dieu fût un crime; ils n'ont point condamné Décius pour s'être voué dans les champs de la guerre aux dieux infernaux; ils n'ont point reproché à Pélopidas cet amour vif de la patrie qui l'arma contre les tyrans, et l'engagea dans l'entreprise la plus périlleuse. Nos desirs sont nos moteurs, et

c'est la force de nos desirs qui détermine celle de nos vices et de nos vertus. Un homme sans desir et sans besoin est sans esprit et sans raison; nul motif ne l'engage à combiner ni à comparer ses idées entre elles. Si les souverains sont en général si peu éclairés, c'est que l'esprit est fils du desir et du besoin. Exiger des lumieres d'un despote, c'est vouloir un effet sans cause. Compter dans un gouvernement arbitraire sur l'esprit d'un monarque né sur le trône, c'est folie. L'histoire ne compte communément au nombre des grands rois que ceux d'entre les princes dont l'éducation fut dure, et qui d'ailleurs eurent une fortune à faire et mille obstacles à surmonter. Le propre des gouvernements despotiques est d'affoiblir dans l'homme le mouvement des passions. Aussi la consomption est-elle la maladie mortelle de ces empires; aussi les peuples soumis à cette forme de gouvernement n'ont-ils communément ni l'audace ni le courage des républicains. Ces derniers même n'ont excité notre admiration que dans ces moments de crise où leurs passions étoient le plus en effervescence. Dans quels temps les Hollandais et les Suisses faisoient-ils des actions surhumaines? Lorsqu'ils étoient animés de deux fortes passions; l'une la vengeance, l'autre la haine des tyrans. Il faut des passions à un peuple : c'est une vérité qui n'est plus maintenant ignorée que du gardien des capucins.

(22) Le Turc croit la femme formée pour le plaisir de l'homme, et créée pour irriter ses desirs. Telle est, dit-il, l'intention marquée de la nature. Or, qu'en Turquie l'on permette à l'art d'ajouter encore aux beautés des femmes; qu'on leur ordonne même de perfectionner en elles les moyens de charmer; rien de plus simple. Quel abus faire de la beauté dans le serrail où elle est renfermée? Supposons, si l'on veut, un pays où les femmes soient en commun : plus dans ce pays elles inventeroient de moyens de

séduire, plus elles multiplieroient les plaisirs de l'homme. Quelque degré de perfection qu'elles atteignissent en ce genre, on peut assurer que leur coquetterie n'auroit rien de contraire au bonheur public. Tout ce qu'on pourroit encore exiger d'elles, c'est qu'elles conçussent tant de vénération pour leur beauté et leurs faveurs, qu'elles crussent n'en devoir faire part qu'aux hommes déja distingués par leur génie, leur courage, ou leur probité. Leurs faveurs, par ce moyen, deviendroient un encouragement aux talents et aux vertus. Mais en Turquie si les femmes peuvent sans inconvénient s'instruire de tous les arts de la volupté, en seroit-il de même dans un pays où, comme en Europe, elles ne sont ni renfermées ni communes; où, comme en France, toutes les maisons sont ouvertes? S'imagine-t-on qu'en multipliant dans les femmes les moyens de plaire, on augmentât beaucoup le bonheur des époux? J'en doute; et, jusqu'à ce qu'on ait fait quelque réforme dans les lois du mariage, ce que l'art pourroit ajouter aux beautés naturelles du sexe seroit peut-être en contradiction avec l'usage que les lois européennes lui permettent d'en faire.

(23) Il est des hommes qui se croient vrais parcequ'ils sont médisants. Rien de plus différent que la vérité et la médisance ; l'une, toujours indulgente, est inspirée par l'humanité; l'autre, toujours aigre, est fille de l'orgueil, de la haine, de l'humeur, et de l'envie. Le ton et les gestes de la médisance décelent toujours quel en est le pere.

(24) Si l'on ne peut sans crime taire la vérité aux peuples et aux souverains, quel homme a toujours été juste et sans reproche à cet égard ?

(25) Qu'à la lecture de l'*Histoire ecclésiastique* un jeune Italien s'indigne des crimes et de la scélératesse des pontifes, qu'il doute de leur infaillibilité; Quel doute impie! s'écrie son précepteur.

Mais, répond l'éleve, je dis ce que je pense : ne m'avez-vous pas toujours défendu de mentir? Oui, dans les cas ordinaires; mais en faveur de l'église le mensonge est un devoir. Et quel intérêt prenez-vous au pape? Le plus grand, répliquera le maître. Si le pape est reconnu infaillible, nul ne peut résister à ses volontés; les peuples lui doivent être aveuglément soumis. Or, quelle considération ce respect pour le pape ne réfléchit-il pas sur tout le corps ecclésiastique, et par conséquent sur moi!

(26) Quiconque en écrivant l'histoire en altere les faits est un mauvais citoyen; il trompe le public, et le prive de l'avantage inestimable qu'il pourroit retirer de cette lecture. Mais dans quel empire trouver un historien vrai, et réellement adorateur du Dieu de vérité? Est-ce en France, en Portugal, en Espagne? Non, mais dans un pays libre et réformé.

(27) Pourquoi les disputes théologiques sont-elles interminables? C'est qu'heureu-

sement pour les disputants ni les uns ni les autres n'ont d'idées nettes de ce dont ils parlent. Le cardinal du Perron, après avoir dans un discours prouvé l'existence de Dieu à Henri III, lui dit: Si votre majesté le desire, je lui en prouverai tout aussi évidemment la non-existence.

(28) Pourquoi la plupart des hommes éclairés regardent-ils toute religion comme incompatible avec une bonne morale? C'est que les prêtres de toute religion se donnent pour les seuls juges de la bonté ou de la méchanceté des actions humaines; c'est qu'ils veulent que les décisions théologiques soient regardées comme le vrai code de la morale. Or les décisions de l'église, aussi variables que ses intérêts, y portent sans cesse confusion, obscurité, et contradiction. Qu'est-ce que l'église substitue aux vrais principes de la justice? Des observances et des cérémonies ridicules. Aussi, dans ses discours sur Tite-Live, Machiavel attribue-t-il l'excessive méchanceté des Italiens à la fausseté et à

la contradiction des préceptes moraux de la religion catholique.

(29) L'homme, disoit Fontenelle, a fait Dieu à son image, et ne pouvoit faire autrement. C'est sur les cours orientales que les moines ont modelé la cour céleste. Le prince d'orient, invisible à la plupart de ses sujets, n'est accessible qu'à ses seuls courtisans; les plaintes du peuple ne parviennent à lui que par l'organe de ses favoris. Les moines, sous le nom de saints, ont pareillement environné de favoris le trône du monarque de l'univers, et ont voulu que les graces célestes ne s'obtinssent que par l'intercession de ces saints. Mais, pour se les rendre favorables, que faire? Les prêtres, assemblés à cet effet, déciderent qu'en bois sculpté ou non sculpté l'on placeroit des images dans les églises, qu'on s'agenouilleroit devant elles comme devant celles du Très-Haut; que les signes extérieurs de l'adoration seroient les mêmes pour l'Éternel et ses favoris; et

qu'enfin, honorés par les chrétiens, comme les pénates et les fétiches par les païens et les sauvages, S. Nicolas en Russie, par exemple, et S. Janvier à Naples, auroient plus de considération et attireroient plus de respect que Dieu lui-même. C'est sur ces faits que sont fondées les accusations portées contre les églises grecque et latine. C'est à la derniere sur-tout qu'on doit le rétablissement du fétichisme. Ainsi la France a dans S. Denys une fétiche nationale, dans Ste. Genevieve une fétiche de la capitale; et il n'est point de communauté ni de citoyen qui, sous le nom de Pierre, de Claude, ou de Martin, n'ait encore sa fétiche particuliere.

(30) Point de ruses, de mensonges, de prestiges, d'abus de confiance, enfin de moyens vils et bas, que les prêtres n'aient employés pour s'enrichir. Les Capitulaires, recueillis par Baluze, tome II, nous instruisent de la maniere dont autrefois les ecclésiastiques parvinrent en France à se faire payer la dîme. « Ils

« firent descendre du ciel une lettre de « Jésus-Christ. Par cette lettre le Sau« veur menace les païens, les sorciers, « et ceux qui ne paient pas la dîme, de « frapper leurs champs de stérilité, et « d'envoyer dans leurs maisons des ser« pents ailés pour dévorer les tettons de « leurs femmes ». Cette premiere lettre n'ayant point réussi, les ecclésiastiques ont recours au diable; ils le produisent (voyez les mêmes Capitulaires, tome I) dans une assemblée de la nation; et le diable, devenu tout-à-coup apôtre et missionnaire, y prend à cœur le salut des Français. Il tâche de les rappeler à leur devoir par des châtiments salutaires. « Ouvrez enfin les yeux, disoit le clergé; « le diable lui-même est l'auteur de la « derniere famine; lui-même a dévoré « les grains dans les épis; redoutez sa « fureur. Au milieu des campagnes il a « déclaré par des hurlements affreux « qu'il exerceroit les plus cruels châti« ments sur les chrétiens endurcis qui

« nous refusent la dîme ». Tant d'impostures de la part du clergé prouvent qu'au temps de Charlemagne les gens pieux étoient les seuls qui payassent la dîme. Dans la supposition que le clergé eût eu le droit de la lever, il n'eût point eu recours successivement à Dieu et au Diable. Ce fait m'en rappelle un autre de la même espece; c'est le sermon d'un curé sur le même sujet. « Ô mes chers paroissiens, « disoit-il, ne suivez point l'exemple de « ce malheureux Caïn, mais bien celui « du bon Abel: Caïn ne vouloit jamais « payer la dîme ni aller à la messe; « Abel, au contraire, la payoit, et tou- « jours du plus beau et du meilleur, et « il ne failloit pas un seul jour d'ouïr la « messe ». Grotius dit, au sujet de ces dîmes et donations, que le scrupule de Tibere pour accepter de tels dons devroit faire honte aux moines.

(31) Les papes, par leurs prétentions ridicules sur l'Amérique, ont donné l'exemple de l'iniquité, ont légitimé tou-

tes les injustices qu'y ont exercées les chrétiens. Un jour qu'on examinoit dans la chambre des communes si tel canton situé sur les confins du Canada devoit appartenir à la France, un des membres de la chambre se leve et dit : « Cette question, messieurs, est d'autant plus délicate, que les Français, ainsi que « nous, sont très persuadés que ce terrain n'appartient point aux naturels du « pays. »

(32) Si d'après ces faits les papistes vantent encore la grande perfection où leur religion porte les mœurs, qu'on se demande quel est l'objet de la science de la morale : on verra que ce ne peut être que le bonheur général ; que, si l'on exige des vertus dans les particuliers, c'est que les vertus des membres font la félicité du tout. On voit que le seul moyen de rendre à-la-fois les peuples éclairés, vertueux, et fortunés, c'est d'assurer par de bonnes lois les propriétés des citoyens ; c'est d'éveiller leur industrie, de leur permettre

de penser et de communiquer leurs pensées. Or la religion papiste est-elle la plus favorable à de telles lois? Les hommes sont-ils, en Italie et en Portugal, plus assurés qu'en Angleterre de leur vie et de leurs biens? y jouissent-ils d'une plus grande liberté de penser? le gouvernement y a-t-il de meilleures mœurs? y est-il moins dur, par conséquent plus respectable? l'expérience ne prouve-t-elle pas, au contraire, que les luthériens, les calvinistes de l'Allemagne, sont mieux gouvernés et plus heureux que les catholiques, et que les cantons protestants de la Suisse sont plus riches et plus puissants que les cantons papistes? La religion réformée tend donc plus directement au bonheur public que la catholique; elle est donc plus favorable à l'objet que se propose la morale; elle inspire donc de meilleures mœurs, et dont l'excellence n'a d'autre mesure que la félicité même des peuples.

(53) Il est de grandes, il est de petites

sociétés. Les lois de ces dernieres sont simples, parceque leurs intérêts le sont; elles sont conformes à l'intérêt du plus grand nombre, parcequ'elles se font du consentement de tous; elles sont enfin très exactement observées, parceque le bonheur de chaque individu est attaché à leur observation. C'est le bon sens qui dicte les lois des petites sociétés; c'est le génie qui dicte celles des grandes. Mais qui put déterminer les hommes à former des sociétés si nombreuses? Le hasard, l'ignorance des inconvénients attachés à de telles sociétés, enfin le desir de conquérir, la crainte d'être subjugué, etc.

(34) Shaftesbury, dans son *Traité de l'enthousiasme*, parle d'un évêque qui, ne trouvant point encore dans le catéchisme catholique de quoi satisfaire son insatiable crédulité, se mit encore à croire les contes des fées.

(35) Il en est du papisme comme du despotisme; l'un et l'autre dévorent le pays où ils s'établissent. Le plus sûr

moyen d'affoiblir les puissances de l'Angleterre et de la Hollande seroit d'y établir la religion catholique.

Dans tout pays où l'on comptera trois cent mille tant curés qu'évêques, prélats, moines, prêtres, chanoines, etc., il faut qu'en logement, chauffage, nourriture, vêtement, etc., chaque prêtre, l'un portant l'autre, coûte au moins par jour un écu à l'état. Or, pour subvenir à cet entretien, quelles sommes prodigieuses en fonds de terre, rentes, dîmes, pensions, impôts de messes, constructions de bâtiments, réparations de presbyteres et de chapelles, fonds de jardins, trésors de paroisses et de confréries, ornements d'église, argenterie, aumônes, louages de chaises, baptêmes, offrandes, mariages, enterrements, services, quêtes, dispenses, honoraires de prédicateurs, missions, etc., le sacerdoce ne leve-t-il pas sur une nation!

En dîmes seules, le clergé tire des terres cultivées d'un royaume presque autant de produit que tous ses propriétaires. En France, l'arpent de terre labourable, loué 6 ou 7 livres, rapporte à-peu-près vingt ou vingt-deux minots de bled, à quatre au setier. Le prêtre, pour sa dîme, en récolte deux. Le prix de ces deux minots peut être, bon an mal an, évalué à 9 ou 10 livres. Le prêtre récolte en sus cinquante bottes de paille, estimées 6 liv.; plus la dîme de l'avoine et de sa paille, estimée 40 ou 50 sous; total, 17 liv. 10 s. que le prêtre tire en trois ans du même arpent de terre dont le propriétaire ne tire que 18 ou 21 liv., et sur laquelle somme ce propriétaire est obligé de payer le dixieme, d'entretenir sa ferme, de supporter les non-valeurs, les banqueroutes du fermier, et les corvées.

D'après ce calcul, qu'on juge de l'immense richesse des prêtres. En réduit-on le nombre à deux cent mille? leur entretien monteroit encore à 600,000 livres par jour, et par conséquent à 210 millions par an. Or quelle flotte et quelle armée de terre ne soudoieroit-on pas avec cette somme ? Un gouvernement sage ne peut donc s'intéresser à la conservation d'une religion si dispendieuse et si à charge aux sujets. En Autriche, en Espagne, en Baviere, et peut-être même en France, les prêtres, déduction faite des intérêts payés aux rentiers, sont plus riches que les souverains.

(36) Si notre religion, disent les papistes, est très coûteuse, c'est que les instructions y sont très multipliées. Soit: mais quel est le produit de ces instructions? Les hommes en sont-ils meilleurs? Non. Que faire pour les rendre tels? Partager la dîme de chaque paroisse entre les paysans qui cultiveront le mieux leurs terres et feront les actions les plus vertueuses. Le partage de cette dîme formera plus de travailleurs et d'hommes honnêtes que les prônes de tous les curés.

(37) L'*Histoire d'Irlande* nous ap-

prend (tome I, page 303) que cette île fut toujours exposée autrefois à la voracité d'un clergé très nombreux. Les poëtes, prêtres du pays, y jouissoient de tous les avantages, immunités et privileges des prêtres catholiques; comme ces derniers, ils y étoient entretenus aux dépens du public. Les poëtes, en conséquence, se multiplierent à tel point, que Hugh, alors roi d'Irlande, sentit la nécessité de décharger ses sujets d'un entretien si onéreux. Ce prince aimoit ses peuples; il étoit courageux; il entreprit de détruire les prêtres, ou du moins d'en diminuer extrêmement le nombre : il y réussit. En Pensilvanie, point de religion établie par le gouvernement: chacun y adopte celle qu'il veut. Le prêtre n'y coûte rien à l'état: c'est aux habitants à s'en fournir selon leur besoin, à se cotiser à cet effet. Le prêtre y est, comme le négociant, entretenu aux dépens du consommateur. Qui n'a point de prêtre et ne consomme point de cette denrée ne paie rien. La

Pensilvanie est un modele dont il seroit à propos de tirer copie.

(38) Numa lui-même n'avoit institué que quatre vestales et un très petit nombre de prêtres.

(39) Entre la religion païenne et la papiste, je trouve, disoit un Anglais, la même différence qu'entre l'Albane et Calot. Le nom du premier me rappelle le tableau agréable de la naissance de Vénus ; celui du second le tableau grotesque de la tentation de S. Antoine.

(40) Les Romains consacrerent, sous le regne de Numa, un temple à la Bonne-Foi. La dédicace de ce temple les rendit quelque temps fideles à leurs traités.

(41) Quiconque affecte tant d'humilité, et s'accoutume de bonne heure à regarder la vie comme un pélerinage, ne sera jamais qu'un moine, et ne contribuera jamais au bonheur de l'humanité.

(42) La réunion des deux puissances spirituelle et temporelle dans les mains d'un despote seroit, dit-on, dangereuse; je le crois. En général tout despote, uniquement jaloux de satisfaire ses caprices, s'occupe peu du bonheur national; la félicité de ses sujets lui est indifférente. Il feroit souvent usage de la puissance spirituelle pour légitimer ses fantaisies et ses cruautés; mais il n'en seroit pas de même si l'on ne confioit cette puissance qu'au corps de la magistrature.

(43) Pourquoi Jupiter étoit-il le dernier des enfants de Saturne? C'est que l'ordre et la génération, successeurs du chaos et de la stérilité, étoient, selon les philosophes, le dernier produit du temps. Pourquoi Jupiter, en qualité de générateur, étoit-il le dieu de l'air? C'est, disoient ces philosophes, que les végétaux, les fossiles, les minéraux, les animaux, enfin tout ce qui existe, transpire, s'exhale, se corrompt, et

remplit l'air de principes volatils. Ces principes échauffés et mis en action par le feu solaire, il faut que l'air dépense alors en nouvelles générations les sels et les esprits reçus de la putréfaction. L'air, principe unique de la génération et de la corruption, leur paroissoit donc un immense océan agité par des principes nombreux et différents. C'est dans l'air que nageoient, selon eux, les semences de tous les êtres, qui, toujours prêts à se reproduire, attendoient pour cet effet le moment où le hasard les déposât dans une matrice convenable. L'atmosphere, à leurs yeux, étoit, pour ainsi dire, toujours vivante, toujours chargée d'acide pour ronger, et de germes pour engendrer; c'étoit le vaste récipient de tous les principes de la vie. Les Titans et Janus, selon les anciens, étoient pareillement l'emblême du chaos; Vénus ou l'Amour, celui de l'attraction, ce principe productif de l'ordre et de l'harmonie de l'univers.

(44) La réunion des puissances temporelle et spirituelle dans les mêmes mains est indispensable. On n'a rien fait contre le corps sacerdotal lorsqu'on l'a simplement humilié. Qui ne l'anéantit point suspend et ne détruit pas son crédit. Un corps est immortel : une circonstance favorable, la confiance d'un prince, un mouvement dans l'état, suffit pour lui rendre son premier pouvoir. Il reparoît alors, armé d'une puissance d'autant plus redoutable, qu'instruit des causes de son abaissement, il est plus attentif à les détruire. Le clergé d'Angleterre est aujourd'hui sans puissance, mais il n'est point anéanti. Qui peut donc répondre que, reprenant son premier crédit, ce corps ne reprenne sa premiere férocité, et ne répande un jour autant de sang qu'il en a déja fait couler? Un des plus grands services à rendre à la France seroit d'employer une partie des revenus trop considérables du clergé à l'extinction de la dette nationale. Que

diroient les ecclésiastiques si, juste à leur égard, on leur conservoit leur vie durant tout l'usufruit de leurs bénéfices, et qu'on n'en disposât qu'à leur mort? Quel mal de faire rentrer tant de biens dans la circulation?

SECTION II.

Tous les hommes communément bien organisés ont une égale aptitude à l'esprit.

CHAPITRE I.

Toutes nos idées nous viennent par les sens : en conséquence on a regardé l'esprit comme un effet de la plus ou moins grande finesse de l'organisation.

Lorsqu'éclairé par Locke on sait que c'est aux organes des sens qu'on doit ses idées, et par conséquent son esprit ; lorsqu'on remarque des différences et dans les organes et dans l'esprit des divers hommes ; l'on doit communément en conclure que l'inégalité des esprits est l'effet de l'inégale finesse de leurs sens.

Une opinion si vraisemblable et si analogue aux faits (1) doit être d'autant plus généralement adoptée, qu'elle favorise la paresse humaine, et lui épargne la peine d'une recherche inutile.

Cependant si des expériences contraires prouvoient que la supériorité de l'esprit n'est point proportionnée à la plus ou moins grande perfection des cinq sens, c'est dans une autre cause qu'on seroit forcé de chercher l'explication de ce phénomene.

Deux opinions partagent aujourd'hui les savants sur cet objet. Les uns disent, *L'esprit est l'effet d'une certaine espece de tempérament et d'organisation intérieure;* mais aucun n'a par une suite d'observations encore déterminé l'espece d'organe, de tempérament, ou de nourriture, qui produit l'esprit. Cette assertion vague et destituée de preuves se réduit donc à ceci : *L'esprit est l'effet d'une cause inconnue ou d'une qualité occulte, à laquelle je donne le nom de tempérament ou d'organisation.*

Quintilien, Locke, et moi, disons : *L'inégalité des esprits est l'effet d'une cause connue, et cette cause est la différence de l'éducation.*

Pour justifier la premiere de ces opinions, il eût fallu montrer par des observations répétées que la supériorité de l'esprit n'appartenoit réellement qu'à telle espece d'organe et de tempérament. Or ces expériences sont à faire. Il paroît donc que si des principes que j'ai admis l'on peut clairement déduire la cause de l'inégalité des esprits, c'est à cette derniere opinion qu'il faut donner la préférence.

Une cause connue rend-elle compte d'un fait? pourquoi le rapporter à une cause inconnue, à une qualité occulte, dont l'existence toujours incertaine n'explique rien qu'on ne puisse expliquer sans elle?

Pour montrer *que tous les hommes communément bien organisés ont une égale aptitude à l'esprit* (a), il

(a) M. LOCKE avoit sans doute en vue cette vérité lorsque, parlant de l'inégale capacité des esprits, il croit appercevoir entre eux moins de différence qu'on ne l'imagine. « Je crois, dit-il, page 2 de son « *Education*, pouvoir assurer que de « cent hommes il y en a plus de nonante « qui sont ce qu'ils sont, bons ou mau- « vais, utiles ou nuisibles à la société, « par l'instruction qu'ils ont reçue. C'est « de l'éducation que dépend la grande

faut remonter au principe qui le produit : quel est-il ?

Dans l'homme tout est sensation physique. Peut-être n'ai-je pas assez développé cette vérité dans le livre de

« différence apperçue entre eux. Les « moindres et les plus insensibles im- « pressions reçues dans notre enfance « ont des conséquences très-importantes « et d'une longue durée. Il en est de ces « premieres impressions comme d'une « riviere dont on peut sans peine dé- « tourner les eaux en divers canaux par « des routes tout-à-fait contraires ; de « sorte que, par la direction insensible » que l'eau reçoit au commencement de « sa source, elle prend différents cours, « et arrive enfin dans des lieux fort « éloignés les uns des autres. C'est, je « pense, avec la même facilité qu'on « peut tourner les esprits des enfants du « côté qu'on veut. »

Quintilien, qui, si long-temps chargé

l'*Esprit*. Que dois-je donc me proposer ? de démontrer rigoureusement ce que je n'ai peut-être fait qu'indiquer, et de prouver que toutes les opérations de l'esprit se réduisent à

de l'instruction de la jeunesse, avoit encore sur cet objet plus de connoissances pratiques que Locke, est aussi plus hardi dans ses assertions. Il dit, liv. I, *Inst. orat.* : « C'est une erreur de croire qu'il « y a peu d'hommes qui naissent avec « la faculté de bien saisir les idées qu'on « leur présente, et d'imaginer que la « plupart perdent leur temps et leurs « peines à vaincre la paresse innée de « leur esprit. Le grand nombre, au con- « traire, paroît également organisé pour « penser et retenir avec promptitude et « facilité. C'est un talent aussi naturel à « l'homme que le vol aux oiseaux, la « course aux chevaux, et la férocité aux « bêtes farouches. La vie de l'ame est « dans son activité et son industrie; ce

sentir. C'est ce principe qui seul nous explique comment il se peut que ce soit à nos sens que nous devions nos idées, et que ce ne soit cependant pas, comme l'expérience le prouve,

« qui lui a fait attribuer une origine cé-
« leste. Les esprits lourds et inhabiles
« aux sciences ne sont pas plus dans
« l'ordre de la nature que les monstres
« et les phénomenes extraordinaires; ces
« derniers sont rares. D'où je conclus
« qu'il se trouve dans les enfants de
« grandes ressources qu'on laisse échap-
« per avec l'âge. Alors il est évident
« que ce n'est point à la nature, mais
« à notre négligence, qu'on doit s'en
« prendre. »

L'opinion de Quintilien, celle de Locke, également fondées sur l'expérience et l'observation, et les preuves dont je me suis servi pour en démontrer la vérité, doivent, je pense, suspendre sur cet objet le jugement trop précipité du lecteur.

à l'extrême perfection de ces mêmes sens que nous devions la plus ou moins grande étendue de notre esprit.

Si ce principe concilie deux faits en apparence si contradictoires, j'en conclurai que la supériorité de l'esprit n'est le produit ni du tempérament, ni de la plus ou moins grande finesse des sens, ni d'une qualité occulte, mais l'effet de la cause très connue de l'éducation, et qu'enfin aux assertions vagues et tant de fois répétées à ce sujet l'on peut substituer des idées très précises.

Avant d'entrer dans l'examen détaillé de cette question, je crois, pour y jeter plus de clarté, et n'avoir rien à démêler avec les théologiens, devoir d'abord distinguer l'esprit de ce qu'on appelle l'ame.

CHAPITRE II.

Différence entre l'esprit et l'ame.

Il n'est point de mots parfaitement synonymes. Cette vérité, ignorée des uns, oubliée des autres, a fait souvent confondre l'esprit et l'ame. Mais quelle différence mettre entre eux? et qu'est-ce que l'ame? La regarde-t-on, d'après les anciens et les premiers peres de l'église, comme une matiere extrêmement fine et déliée, et comme le feu électrique qui nous anime? Rappellerai-je ici tout ce qu'en ont pensé les divers peuples et les différentes sectes de philosophes? Ils ne s'en formoient que des idées vagues, obscures et petites. Les seuls qui sur ce sujet s'exprimoient avec sublimité étoient les parsis. Prononçoient-ils une oraison funebre sur la tombe de quelque grand homme, ils s'écrioient : « Ô terre, ô mere commune des hu-« mains, reprends du corps de ce « héros ce qui t'appartient : que les « parties aqueuses renfermées dans « ses veines s'exhalent dans les airs, « qu'elles retombent en pluie sur les « montagnes, enflent les ruisseaux, « fertilisent les plaines, et se roulent « à l'abyme des mers d'où elles sont « sorties : que le feu concentré dans « ce corps se rejoigne à l'astre source « de la lumiere et du feu : que l'air « comprimé dans ses membres rompe « sa prison, que les vents le disper-« sent dans l'espace. Et toi enfin, « souffle de vie, si par impossible tu « es un être particulier, réunis-toi à « la substance inconnue qui t'a pro-« duit ; ou, si tu n'es qu'un mélange « des éléments visibles, après t'être

« dispersé dans l'univers, rassemble « de nouveau tes parties éparses, pour « former encore un citoyen aussi ver- « tueux! »

Telles étoient les images nobles et les expressions sublimes qu'employoit l'enthousiasme des parsis pour exprimer les idées qu'ils avoient de l'âme. La philosophie, moins hardie dans ses conjectures, n'ose décrire sa nature ni résoudre cette question. Le philosophe marche, mais appuyé sur le bâton de l'expérience; il avance, mais toujours d'observations en observations; *il s'arrête où l'observation lui manque.* Ce qu'il sait, c'est que l'homme sent, c'est qu'il est en lui un principe de vie, et que, sans les ailes de la théologie, on ne s'élève point jusqu'à la connoissance et à la nature de ce principe.

Tout ce qui dépend de l'observation

est du ressort de la métaphysique philosophique ; au-delà tout appartient à la théologie (a), ou à la métaphysique scholastique.

Mais pourquoi la raison humaine, éclairée par l'observation, n'a-t-elle pas jusqu'à présent pu donner une définition claire, ou, pour parler plus exactement, une description nette et détaillée du principe de la vie ? C'est

(a) Quelques uns doutent que la science de Dieu, ou la théologie, soit une science. Toute science, disent-ils, suppose une suite d'observations : or, quelles observations faire sur un être invisible et incompréhensible ? La théologie n'est donc point une science. En effet, que désigne le mot *Dieu ?* La cause encore inconnue de l'ordre et du mouvement. Or, que dire d'une cause inconnue ? Attache-t-on d'autres idées à ce mot *Dieu ?* on tombe dans mille contradictions. Un théologien

que le principe échappe encore à l'observation la plus délicate : elle a plus de prise sur ce qu'on appelle l'esprit. On peut d'ailleurs examiner le principe et penser sur ce sujet sans avoir à redouter l'ignorance et le fanatisme des bigots. Je considérerai donc quelques unes des différences remarquables entre l'esprit et l'ame.

observe-t-il les courbes décrites par les astres? en conclut-il qu'il est une force qui les meut, *cœli enarrant gloriam Dei*? ce théologien n'est plus alors qu'un physicien ou un astronome. « Nul doute, « disent les lettrés chinois, qu'il n'y ait « dans la nature *un principe puissant* « *et ignoré de ce qui est*; mais, lors- « qu'on divinise ce principe inconnu, *la* « *création d'un Dieu n'est alors que* « *la déification de l'ignorance hu-* « *maine.* »

PREMIERE DIFFÉRENCE.

L'ame existe en entier dans l'enfant comme dans l'adolescent. L'enfant est, comme l'homme, sensible au plaisir et à la douleur physique ; mais il n'a ni autant d'idées ni par conséquent autant d'esprit que l'adulte. Or, si l'enfant a autant d'ame sans avoir autant d'esprit, l'ame n'est donc pas l'esprit. En effet, si l'ame et l'esprit étoient un et la même chose, pour expliquer la supériorité de l'adulte sur celle de l'enfant, il faudroit admettre plus d'ame dans l'adulte, et convenir que son ame a pris une croissance proportionnée à celle de son corps : supposition absolument gratuite et inutile, lorsqu'on distingue l'esprit de l'ame ou du principe de vie.

SECONDE DIFFÉRENCE.

L'ame ne nous abandonne qu'à la mort; tant que je vis, j'ai une ame. En est-il ainsi de l'esprit? Non: je le perds quelquefois de mon vivant; parceque, de mon vivant, je puis perdre la mémoire, et que l'esprit est presque en entier l'effet de cette faculté. Si les Grecs donnoient le nom de Mnémosyne à la mere des muses, c'est qu'observateurs attentifs de l'homme, ils s'étoient apperçus que son jugement, son esprit, etc., étoient en grande partie le produit de sa mémoire (a).

(a) L'esprit ou l'intelligence est aussi dans les animaux l'effet de leur mémoire. Si le chien vient à mon appel, c'est qu'il se ressouvient de son nom; s'il m'obéit lorsque je prononce ces mots, *Tout beau, prends garde à toi, ne touche*

Qu'un homme soit privé de cet organe, de quoi peut-il juger? Est-ce des sensations passées? non; il les a oubliées. Est-ce des sensations présentes? mais, pour juger entre deux sensations actuelles, il faut encore que l'organe de la mémoire les prolonge du moins assez long-temps pour lui donner le loisir de les *comparer entre elles*, c'est-à-dire *d'observer alternativement la différente impression*

pas là, c'est qu'il se souvient que je suis fort et que je l'ai battu. A la foire, qui fait exécuter aux animaux tant de tours de souplesse? la crainte du fouet, dont le geste, le regard, la parole du maître, leur rappellent le souvenir. Si mon chien me fixe, c'est qu'il veut lire dans mes yeux ma colere ou mon contentement, et savoir en conséquence s'il doit m'approcher ou me fuir. Mon chien doit donc son intelligence à sa mémoire.

qu'il éprouve à la présence de deux objets. Or, sans le secours d'une mémoire conservatrice des impressions reçues, comment appercevoir des différences, même entre des impressions présentes, et qui à chaque instant seroient et senties et de nouveau oubliées? Il n'est donc point de jugement, d'idées, ni d'esprit, sans mémoire. L'imbécille qu'on assied sur le pas de sa porte n'est qu'un homme qui a peu ou point de mémoire. S'il ne répond pas aux questions qu'on lui fait, c'est ou parceque les diverses expressions de la langue ne lui rappellent plus d'idées distinctes, ou parcequ'en écoutant les derniers mots d'une phrase il oublie ceux qui les précedent. Consulte-t-on l'expérience? on reconnoît que c'est à la mémoire (dont l'existence suppose la faculté de sentir) que l'homme doit et ses idées et son esprit. Point de sensations sans ame; mais sans mémoire point d'expérience, point de comparaison d'objets, point d'idées; et l'homme seroit dans sa vieillesse ce qu'il étoit dans son enfance.

On est réputé imbécille lorsqu'on est ignorant; mais on l'est réellement lorsque l'organe de la mémoire ne fait plus ses fonctions (a). Or, sans perdre l'ame, on peut perdre la mémoire.

(a) M. Ernand, instituteur des muets et des sourds, dit, dans un mémoire présenté à l'académie des sciences à Paris, que si les sourds et muets n'ont que de courts intervalles de jugement, s'ils réfléchissent peu, si leur esprit est foible et leur raison momentanée, c'est que la mémoire est presque toujours assoupie en eux, et qu'en conséquence leurs idées et leurs actions sont et doivent être sans suite.

Il ne faut pour cet effet qu'une chûte, une apoplexie, un accident de cette espece. L'esprit differe donc essentiellement de l'ame, en ce qu'on peut perdre l'un de son vivant, et qu'on ne perd l'autre qu'avec la vie.

TROISIEME DIFFÉRENCE.

J'ai dit que l'esprit de l'homme se composoit de l'assemblage de ses idées. Il n'est point d'esprit sans idées.

En est-il ainsi de l'ame? Non; ni la pensée ni l'esprit ne sont nécessaires à son existence. Tant que l'homme est sensible, il a une ame. C'est donc la faculté de sentir qui en forme l'essence. Qu'on dépouille l'ame de ce qui n'est pas proprement elle, c'est-à-dire de l'organe physique du souvenir, quelle faculté lui reste-t-il? celle de sentir. Elle ne conserve pas même alors la conscience de son existence, parceque cette conscience suppose enchaînement d'idées, et par conséquent mémoire. Tel est l'état de l'ame lorsqu'elle n'a fait encore aucun usage de l'organe physique du souvenir.

L'on perd la mémoire par un coup, une chûte, une maladie. L'ame est-elle privée de cet organe? elle doit, sauf un miracle ou une volonté expresse de Dieu, se trouver alors dans le même état d'imbécillité où elle étoit dans le germe de l'homme. La pensée n'est donc pas absolument nécessaire à l'existence de l'ame. L'ame n'est donc en nous que la faculté de sentir; et c'est la raison pour laquelle, comme le prouvent Locke et l'expérience, toutes nos idées nous viennent par nos sens.

C'est à ma mémoire que je dois mes idées comparées et mes jugements, et à mon ame que je dois mes sensations : ce sont donc proprement mes sensations, et non mes pensées, comme le prétend Descartes, qui me prouvent l'existence de mon ame. Mais qu'est-ce en nous que la faculté de sentir? est-elle immortelle et immatérielle? La raison humaine l'ignore, et la révélation nous l'apprend. Peut-être m'objectera-t-on que si l'ame n'est autre chose que la faculté de sentir, son action, comme celle du corps frappant un autre corps, est toujours nécessitée, et que l'ame en ce sens doit être regardée comme purement passive. Aussi Malebranche l'a-t-il crue telle, et son système a été publiquement enseigné. Si les théologiens d'aujourd'hui le condamnent, ils tomberont avec eux-mêmes dans une contradiction dont sûrement ils s'embarrassent peu. Au reste, tant que les hommes naîtront sans idées du vice, de la vertu, etc., quelque système qu'adoptent les théologiens, ils ne me prouveront jamais que la pensée soit l'essence de l'ame, et que l'ame ou la faculté de sentir ne puisse exister en nous sans que cette faculté soit mise en action, c'est-à-dire sans que nous ayons d'idées ou de sensations.

L'orgue existe lors même qu'elle ne rend pas de sons. L'homme est dans l'état de l'orgue lorsqu'il est dans le ventre de sa mere, lorsqu'accablé de fatigues et troublé par aucun rêve, il est enseveli dans un sommeil profond. D'ailleurs, si toutes nos idées peuvent être rangées sous quelques unes des classes de nos connoissances, et si l'on peut vivre sans idées de mathématiques, de physique, de morale, d'horlogerie, etc., il n'est donc pas métaphysiquement impossible d'avoir une ame sans avoir d'idées.

Les sauvages en ont peu, et n'en ont pas moins une ame. Il en est qui n'ont ni idée de justice ni même de mots pour exprimer cette idée. On raconte qu'un sourd et muet, ayant tout-à-coup recouvré l'ouïe et la parole, avoua qu'avant sa guérison il n'avoit d'idées ni de Dieu ni de la mort.

Le roi de Prusse, le prince Henri, Hume, Voltaire, etc., n'ont pas plus d'ame que Bertier, Lignac, Séguy, Gauchat, etc. Les premiers cependant sont en esprit aussi supérieurs aux seconds que ces derniers le sont aux singes et aux autres animaux qu'on montre à la foire. Chaumeix, Caveirac, etc., ont sans doute peu d'esprit; et cependant l'on dira toujours d'eux: Cela parle, cela écrit, et cela même a une ame. Or, si pour avoir peu d'esprit on n'en a pas moins d'ame, les idées n'en sont donc pas partie; elles ne sont donc point essentielles à son être. L'ame peut donc exister indépendamment de toutes idées et de tout esprit.

Rassemblons à la fin de ce chapitre les différences les plus remarquables entre l'ame et l'esprit. La premiere, c'est qu'on naît avec toute son ame, et non avec tout son esprit; la seconde, c'est qu'on peut perdre l'esprit de son vivant, et qu'on ne perd l'amè qu'avec la vie; la troisieme, c'est que la pensée n'est pas nécessaire à l'existence de l'ame.

Telle étoit sans doute l'opinion des théologiens lorsqu'ils soutenoient, d'après Aristote, que c'étoit aux sens que l'ame devoit ses idées. Qu'on n'imagine point en conséquence pouvoir regarder l'esprit comme entièrement indépendant de l'ame. Sans la faculté de sentir, la mémoire productrice de notre esprit seroit sans fonctions ; elle seroit nulle. L'existence de nos idées et de notre esprit suppose celle de la faculté de sentir. Cette faculté est l'ame elle-même. D'où je conclus que si l'ame n'est pas l'esprit, l'esprit est l'effet de l'ame ou de la faculté de sentir (a).

(a) On me demandera peut-être qu'est-ce que la faculté de sentir, et qui produit en nous ce phénomene ? Voici ce qu'à l'occasion de l'ame des animaux pense un fameux chymiste anglais. On reconnoît, dit-il, dans les corps deux sortes de propriétés; les unes, dont l'existence est permanente et inaltérable : telles sont l'impénétrabilité, la pesanteur, la mobilité, etc. Ces qualités appartiennent à la physique générale. Il est dans ces mêmes corps d'autres propriétés dont l'existence

CHAPITRE III.

Des objets sur lesquels l'esprit agit.

QU'EST-CE que la nature? L'assemblage de tous les êtres. Quel peut être dans l'univers l'emploi de l'es-

fugitive et passagere est tour-à-tour produite et détruite par certaines combinaisons, analyses, ou mouvements dans les parties internes. Ces sortes de propriétés forment les différentes branches de l'histoire naturelle, de la chymie, etc.; elles appartiennent à la physique particuliere. Le fer, par exemple, est un composé de phlogistique et d'une terre particuliere. Dans cet état de composition, il est soumis au pouvoir attractif de l'aimant. Décompose-t-on le fer, cette propriété est anéantie; l'aimant n'a nulle action sur une terre ferrugineuse dépouillée de son phlogis-

prit? Celui d'observateur des rapports que les objets ont entre eux et avec nous. Les rapports des objets avec moi sont en petit nombre. On me présente une rose ; sa couleur, sa forme, et son odeur, me plaisent ou me déplaisent ; tels sont ses rapports avec moi. Tout rapport de cette espece se réduit à la maniere agréable ou dés-

tique. Lorsque l'on combine ce métal avec une autre substance, telle que l'acide vitriolique, cette union détruit pareillement dans le fer la propriété d'être attiré par l'aimant. L'alkali fixe et l'acide nitreux ont chacun en particulier une infinité de qualités diverses ; mais il ne reste aucun vestige de ces qualités lorsqu'unis ensemble l'un et l'autre forment le salpêtre.

Or, dans le regne animal, pourquoi l'organisation ne produiroit-elle point pareillement cette singuliere qualité qu'on appelle faculté de sentir? Tous les phénomenes de médecine et d'histoire natu-

agréable dont un objet m'affecte. C'est l'observation fine de tels rapports qui constitue et le goût et ses regles.

Quant aux rapports des objets entre eux, ils sont aussi multipliés qu'il est, par exemple, d'objets divers auxquels je puis comparer la forme, la couleur, ou l'odeur de ma rose. Les rapports de cette espece sont immenses, et leur observation appartient plus directement aux sciences.

relle prouvent évidemment que ce pouvoir n'est dans les animaux que le résultat de la structure de leurs corps; que ce pouvoir commence avec la formation de leurs organes, se conserve tant qu'ils subsistent, et se perd enfin par la dissolution de ces mêmes organes.

Si les métaphysiciens me demandent ce qu'alors devient dans l'animal la faculté de sentir; ce que devient, leur répondrai-je, dans le fer décomposé la qualité d'être attiré par l'aimant.

CHAPITRE IV.

Comment l'esprit agit.

Toutes les opérations de l'esprit se réduisent à l'observation des ressemblances et des différences, des convenances et des disconvenances que les divers objets ont entre eux et avec nous. La justesse de l'esprit dépend de l'attention plus ou moins grande avec laquelle on fait ces observations.

Veux-je connoître les rapports de certains objets entre eux ? que fais-je ? je place sous mes yeux, ou rends présents à ma mémoire, plusieurs ou du moins deux de ces objets ; ensuite je les compare. Mais qu'est-ce que comparer ? *C'est observer alternativement et avec attention l'im-*

pression différente que font sur moi ces deux objets présents ou absents (a). Cette observation faite, je juge, c'est-à-dire *je rapporte exactement l'impression* que j'ai reçue. Ai-je, par exemple, grand intérêt de distinguer entre deux nuances presque imperceptibles de la même couleur laquelle est la plus foncée? j'examine long-temps et successivement les morceaux de draps teints de ces deux nuances; *je les compare*, c'est-à-dire *je les regarde alternativement.* Je me rends

(a) Si la mémoire, conservatrice des impressions reçues, me fait éprouver dans l'absence des objets à-peu-près les mêmes sensations qu'a excitées en moi leur présence, il est indifférent, relativement à la question que je traite, que les objets sur lesquels je porte un jugement soient présents à mes yeux ou à ma mémoire.

très attentif à l'impression différente que font sur mon œil les rayons réfléchis des deux échantillons, et je juge enfin que l'un est plus foncé que l'autre, c'est-à-dire, je rapporte exactement l'impression que j'ai reçue : tout autre jugement seroit faux. Tout jugement n'est donc que *le récit de deux sensations, ou actuellement éprouvées, ou conservées dans ma mémoire.*

Lorsque j'observe les rapports des objets avec moi, je me rends pareillement attentif à l'impression que j'en reçois. Cette impression est agréable ou désagréable. Or, dans l'un ou l'autre cas, *qu'est-ce que juger? C'est dire ce que je sens.* Suis-je frappé à la tête? la douleur est-elle vive? le simple récit de la sensation que j'éprouve forme mon jugement.

Je n'ajouterai qu'un mot à ce que

je viens de dire ; c'est qu'à l'égard des jugements portés sur les rapports que les objets ont entre eux ou avec nous, il est une différence qui, peu importante en apparence, mérite cependant d'être remarquée. Lorsqu'il s'agit de juger du rapport des objets entre eux, il faut pour cet effet en avoir au moins deux sous les yeux. Mais, si je juge du rapport d'un objet avec moi, il est évident, puisque tout objet peut exciter une sensation, qu'un seul suffit pour produire un jugement.

Je conclus de cette observation que toute assertion sur le rapport des objets entre eux suppose comparaison de ces objets, toute comparaison une peine, toute peine un intérêt puissant pour se la donner ; et qu'au contraire, lorsqu'il s'agit du rapport d'un objet avec moi, c'est-à-dire d'une sensation, cette sensation, si elle est vive, devient elle-même l'intérêt puissant qui me force à l'attention. Toute sensation de cette espece emporte donc toujours avec elle un jugement. Je ne m'arrêterai pas davantage à cette observation, et répéterai, d'après ce que j'ai dit ci-dessus, que, dans tous les cas, *juger* est *sentir.*

Cela posé, toutes les opérations de l'esprit se réduisent à de pures sensations. Pourquoi donc admettre en nous une faculté de juger distincte de la faculté de sentir? Mais cette opinion est générale, j'en conviens; elle doit même l'être. On s'est dit: Je sens et je compare; il est donc en moi une faculté de juger et de comparer distincte de la faculté de sentir. Ce raisonnement suffit pour en imposer à la plupart des hommes. Cependant, pour en appercevoir la fausseté, il ne faut qu'attacher une idée nette au mot *comparer*. Ce mot éclairci, on reconnoît qu'il ne désigne aucune opération réelle de l'esprit; que l'opération de comparer, comme je l'ai déja dit, n'est autre chose que *se rendre attentif aux impressions différentes qu'excitent en nous des objets ou actuellement sous nos yeux ou présents à notre mémoire ;* et qu'en conséquence tout jugement ne peut être que *le prononcé des sensations éprouvées.*

Mais, si les jugements portés d'après la comparaison des objets physiques ne sont que de pures sensations, en est-il ainsi de toute autre espece de jugement?

CHAPITRE V.

Des jugements qui résultent de la comparaison des idées abstraites, collectives, etc.

Les mots *foiblesse*, *force*, *petitesse*, *grandeur*, *crime*, *etc.*, ne sont représentatifs d'aucune substance, c'est-à-dire d'aucun corps. Comment donc réduire à de pures sensations les jugements résultants de la comparaison de pareils mots ou idées? Ma réponse, c'est que ces mots ne nous présentant aucune idée, il est impossible, tant qu'on ne les applique point à quelque objet sensible et particulier, qu'on porte sur eux aucun jugement. Les applique-t-on, à dessein ou sans s'en appercevoir, à quelque objet déterminé? l'application faite, alors le mot de *grandeur* exprimera un rapport, c'est-à-dire une certaine différence ou ressemblance observée entre des objets présents à nos yeux ou à notre mémoire. Or, le jugement porté sur des idées devenues physiques par cette application ne sera, comme je le répete, que *le prononcé des sensations éprouvées.*

On me demandera peut-être par quels motifs les hommes ont inventé et introduit dans le langage de ces expressions, si je l'ose dire, algébriques, qui, jusqu'à leur application à des objets sensibles, n'ont aucune signification réelle, et ne sont représentatives d'aucune idée déterminée. Je répondrai que les hommes ont par ce moyen cru pouvoir se communiquer plus facilement, plus promptement, et même plus clairement, leurs idées. C'est la raison pour laquelle ils ont, dans toutes les langues, créé tant de ces mots adjectifs et substantifs, à-la-fois si vagues et si utiles (a). Prenons pour exemple de ces expressions insignifiantes celle de *ligne*, considérée en géométrie indépendamment de sa longueur, largeur, et épaisseur : ce mot en ce sens ne rappelle aucune

(a) Dans la composition de la langue d'un peuple civilisé il entre toujours une infinité de pronoms, de conjonctions, enfin de ces mots qui, vuides de sens en eux-mêmes, empruntent leurs différentes significations des expressions auxquelles on les unit, ou des phrases dans lesquelles on les emploie. L'invention de la plupart de ces mots est due à la crainte qu'eurent les peuples de trop multiplier les signes de leurs langues, et au desir de se communiquer plus facilement leurs idées. Si les hommes, en effet, eussent été obligés de créer autant de mots qu'il est de choses auxquelles on

idée à l'esprit; une pareille ligne n'existe pas dans la nature; on ne s'en forme point d'idée. Que prétend donc le maître en se servant de cette expression? Simplement avertir son disciple de porter toute son attention sur le corps considéré comme long, et sans égard à ses autres dimensions.

peut appliquer, par exemple, les adjectifs *blanc*, *fort*, *gros*, comme un *gros cable*, un *gros bœuf*, un *gros arbre*, etc.; il est évident que la multiplicité des expressions nécessaires pour rendre leurs idées eût surchargé leur mémoire. Ils ont donc cru devoir inventer des mots qui, n'étant en eux-mêmes représentatifs d'aucune idée réelle, n'ayant qu'une signification locale, et n'exprimant enfin que le rapport des objets entre eux, rappelleroient cependant à leur esprit des idées distinctes, au moment même où ces mêmes mots seroient unis aux objets dont ils désignent les rapports.

Lorsque, pour la facilité du calcul, on substitue dans cette science les lettres A et B à des quantités fixes, ces lettres présentent-elles aucunes idées, désignent-elles aucune grandeur réelle? Non. Or ce qui s'exprime dans la langue algébrique par A et par B s'exprime dans la langue usuelle par les mots *foiblesse*, *force*, *petitesse*, *grandeur*, *etc.* Ces mots ne désignent qu'un rapport vague de choses entre elles, et ne nous présentent d'idées nettes et réelles qu'au moment où on les applique à un objet déterminé, et que l'on compare cet objet à un autre. C'est alors que ces mots, mis, si je l'ose dire, en équation ou en comparaison, expriment très précisément le rapport des objets entre eux. Jusqu'à ce moment, le mot de grandeur, par exemple, rappellera à mon esprit des idées très différentes ; selon que je les appliquerai à une mouche ou à une baleine. Il en est de même de ce qu'on appelle dans l'homme l'idée ou la pensée. Ces expressions sont insignifiantes en elles-mêmes ; cependant à combien d'erreurs n'ont-elles pas donné naissance ! combien de fois n'a-t-on pas soutenu dans les écoles que *la pensée n'appartenant pas à l'étendue et à la matiere*, il étoit évident que l'ame étoit spirituelle ! Je n'ai, je l'avoue, jamais rien compris à ce savant galimatias. Que signifie en effet le mot *penser?* Ou ce mot est vuide de sens ; ou, comme *se mouvoir,* il exprime simplement une maniere d'être de l'homme. Or, dire qu'un mode ou une maniere d'être n'est point un corps ou n'a point d'étendue, rien de plus clair ; mais faire de ce mode un être, et même un être spirituel, rien, selon moi, de plus absurde.

Quoi de plus vague encore que le mot *crime?* Pour que ce terme collectif rappelle à mon esprit une idée nette et déterminée, il faut que je l'applique à un vol, à un assassinat, ou à quelque action pareille. Les hommes n'ont inventé ces sortes de mots que pour se communiquer plus facilement, ou du moins plus promptement, leurs idées. Je suppose qu'on crée une société où l'on ne veuille admettre que des honnêtes gens : pour s'éviter la peine de transcrire le long catalogue de toutes les actions qui doivent en exclure, on dira en un seul mot qu'on en bannit tout homme taché de quelque crime. Mais de quelle idée nette ce mot *crime* sera-t-il alors représentatif? D'aucune. Ce mot, uniquement destiné à rappeler au souvenir de cette société les actions nuisibles dont ses membres peuvent se rendre coupables, l'avertit seulement d'inspecter leur conduite ; ce mot enfin n'est proprement qu'un son, et une maniere plus courte et plus abrégée de réveiller à cet égard l'attention de la société.

Aussi, dans la supposition où, forcé de déterminer les peines dues au crime, je dusse m'en former des idées claires et précises, il faudroit alors que je rappelasse successivement à ma mémoire les tableaux des différents forfaits que l'homme peut commettre ; que j'examinasse lesquels de ces forfaits sont les plus nuisibles à la société, et que je portasse enfin un jugement qui ne seroit, comme je l'ai dit tant de fois, que *le prononcé des sensations reçues à la présence des divers tableaux de ces crimes.*

Toute idée quelconque peut donc,

en derniere analyse, se réduire toujours à des faits ou sensations physiques. Ce qui jette quelque obscurité sur les dicussions de cette espece est la signification incertaine et vague d'un certain nombre de mots, et la peine qu'il faut quelquefois se donner pour en extraire des idées nettes. Peut-être est-il aussi difficile d'analyser quelques unes de ces expressions, et de les rappeler, si je l'ose dire, à leurs idées constituantes, qu'il l'est en chymie de décomposer certains corps. Qu'on emploie cependant à cette décomposition la méthode et l'attention nécessaire, on est sûr du succès.

Ce que j'ai dit suffit pour convaincre le lecteur éclairé que toute idée et tout jugement peut se ramener à une sensation. Il seroit donc inutile, pour expliquer les différentes opérations de l'esprit, d'admettre en nous une faculté de juger et de comparer distincte de la faculté de sentir. Mais quel est le principe ou le motif qui nous fait comparer les objets entre eux, et qui nous doue de l'attention nécessaire pour en observer les rapports ? L'intérêt, qui est pareillement, comme je vais le montrer, un effet de la sensibilité physique.

CHAPITRE VI.

Point d'intérêt, point de comparaison des objets entre eux.

TOUTE comparaison des objets entre eux suppose attention, toute attention suppose peine, et toute peine un motif pour se la donner. S'il étoit un homme sans desirs, et qu'un tel homme pût exister, il ne compareroit point les corps entre eux, il ne prononceroit aucun jugement. Mais, dans cette supposition, il pourroit encore juger l'impression immédiate des objets sur lui. Oui, lorsque cette impression seroit forte. Sa force, devenue un *motif d'attention*, emporteroit avec elle un *jugement*. Il n'en seroit pas de même si cette sensation étoit foible : il n'auroit alors ni conscience ni souvenir des jugements qu'elle auroit occasionnés. Un homme est environné d'une infinité d'objets; il est nécessairement affecté d'une infinité de sensations ; il porte donc une infinité de jugements : mais il les porte à son insu. Pourquoi ? C'est que la nature de ses jugements suit celle de ses sensations. Ne font-elles sur lui qu'une trace légere, effacée aussitôt que sentie ? les jugements portés sur ces sortes de sensations sont de la même espece; il n'en a point de conscience. Il n'est point d'homme, en effet, qui, sans s'en appercevoir, ne fasse tous les jours une infinité de raisonnements dont il n'a pas de conscience. Je prends pour exemple ceux qui précedent presque tous les mouvements rapides de notre corps.

Lorsque, dans un ballet, Vestris fait plutôt une cabriole qu'un entrechat; lorsque, dans la salle d'armes, Moté tire plutôt la tierce que la quarte; il faut, s'il n'est point d'effet sans cause, que Vestris et Moté y soient déterminés par un raisonnement trop rapide pour être, si je l'ose dire, apperçu. Tel est celui que je fais lorsque j'oppose ma main au corps prêt à frapper mon œil; il se réduit à-peu-près à ceci.

L'expérience m'apprend que ma main résiste sans douleur au choc d'un corps qui me priveroit de la vue ; mes yeux, d'ailleurs, me sont plus chers que ma main : je dois donc exposer ma main pour sauver mes yeux.

Il n'est personne qui ne fasse en pareil cas le même raisonnement : mais ce raisonnement d'habitude est si rapide, qu'on a plutôt mis la main devant les yeux qu'on ne s'est apperçu et de l'action et du raisonnement dont cette action est l'effet. Or, que de sensations de la nature de ces raisonnements habituels! que de sensations foibles qui, ne fixant pas notre attention, ne peuvent produire en nous ni conscience ni souvenir!

Il est des moments où les plus fortes sont, pour ainsi dire, nulles. Je me bats ; je suis blessé. Je poursuis le combat, et ne m'apperçois pas de ma blessure. Pourquoi? C'est que l'amour de ma conservation, la colere, le mouvement donné à mon sang, me rendent insensible au coup qui, dans tout autre moment, eût fixé toute mon attention. Il est, au contraire, des moments où j'ai la conscience des sensations les plus légeres; c'est lorsque des passions, telles que la crainte, l'amour de la gloire, l'avarice, l'envie, etc., concentrent tout notre esprit sur un objet. Suis-je conjuré? il n'est point de geste, de regard, qui échappe à l'œil inquiet et soupçonneux de mes complices. Suis-je peintre? tout effet singulier de lumiere me frappe. Suis-je joaillier? il n'est point de tache dans un diamant que je n'apperçoive. Suis-je envieux? il n'est point de défaut dans un grand homme que mon œil perçant ne découvre. Au reste ces mêmes passions qui, concentrant toute mon attention sur certains objets, me rendent à cet égard susceptible des sensations les plus fines, m'endurcissent aussi contre toute autre espece de sensations.

Que je sois amant, jaloux, ambitieux, inquiet; si, dans cette situation de mon ame, je traverse les magnifiques palais des souverains, en vain suis-je frappé par les rayons réfléchis des marbres, des statues, des tableaux qui m'environnent; il faut pour réveiller mon attention qu'un objet inconnu, nouveau, et tout-à-coup offert à mes yeux, fasse sur moi une impression vive. Faute de cette impression, je marche sans voir, sans entendre, et sans conscience des sensations que j'éprouve.

Au contraire, si, dans le calme des desirs, je parcours ces mêmes palais, sensible alors à toutes les beautés dont l'art et la nature les embellissent, mon ame, ouverte à toutes les impressions, se partagera entre toutes celles qu'elle reçoit. Je ne serai pas, à la vérité, doué, comme l'amant et l'ambitieux, de cette vue aiguë et perçante qu'ils portent sur tout ce qui les intéresse ; je n'appercevrai point comme eux ce qui n'est, pour ainsi dire, visible qu'aux yeux des passions ; je serai moins finement mais plus généralement sensible.

Qu'un homme du monde et qu'un botaniste se promenent le long d'un canal ombragé de chênes antiques, et bordé d'arbustes et de fleurs odorantes ; le premier, uniquement frappé de la limpidité des eaux, de la vétusté des chênes, de la variété des arbustes, de l'odeur suave des fleurs, n'aura pas les yeux du botaniste pour observer les ressemblances et les différences qu'ont entre eux ces fleurs et ces arbustes. Sans intérêt pour les remarquer, il sera sans attention pour les appercevoir : il recevra des sensations, il portera des jugements, et n'en aura point de conscience. C'est le botaniste jaloux de la réputation, le botaniste scrupuleux observateur de ces fleurs et de ces arbustes divers, qui seul peut se rendre attentif aux différentes sensations qu'il en éprouve, et aux divers jugements qu'il en porte.

Au reste, si la conscience ou la non-conscience de telles impressions ne changent point leur nature, il est donc vrai, comme je l'ai dit plus haut, que toutes nos sensations emportent avec elles un jugement, dont l'existence ignorée lorsqu'elles n'ont pas fixé notre attention n'en est cependant pas moins réelle.

Il résulte de ce chapitre que tous les jugements occasionnés par la comparaison des objets entre eux supposent en nous intérêt de les comparer. Or cet intérêt, nécessairement fondé sur l'amour de notre bonheur, ne peut être qu'un effet de la sensibilité physique, puisque toutes nos peines et nos plaisirs y prennent leur source. Cette question examinée, j'en conclurai que la douleur et le plaisir physique est le principe ignoré de toutes les actions des hommes.

CHAPITRE VII.

La sensibilité physique est la cause unique de nos actions, de nos pensées, de nos passions, et de notre sociabilité.

ACTION.

C'EST pour se vêtir, pour parer sa maîtresse ou sa femme, leur procurer des amusements, nourrir soi et sa famille, et jouir enfin du plaisir attaché à la satisfaction des besoins physiques, que l'artisan et le paysan pensent, imaginent, et travaillent. La sensibilité physique est donc l'unique moteur de l'homme (a). Il n'est donc

(a) Ce qu'on appelle peine ou plaisir intellectuel peut toujours se rapporter à quelque peine ou à quelque plaisir phy-

susceptible que de deux especes de plaisirs et de peines ; l'une sont les peines et les plaisirs physiques ; l'autre sont les peines et les plaisirs de prévoyance ou de mémoire.

sique. Deux exemples seront la preuve de cette vérité.

Qui nous fait aimer jusqu'au petit jeu ? seroient-ce les sensations agréables qu'il excite en nous ? Non. On l'aime parce-qu'il nous délivre de la peine de l'ennui, et nous soustrait à cette absence d'impression toujours sentie comme un mal-aise et une douleur physique.

Qui nous fait aimer le gros jeu ? L'amour de l'argent. Qui nous fait aimer l'argent ? Le goût des commodités, le besoin des amusements, le desir de s'arracher à des peines et de se procurer des plaisirs physiques.

En est-il ainsi du plaisir intérieur éprouvé lorsqu'on secourt un malheureux, lorsqu'on fait un acte de libéralité ?

DOULEUR.

Je ne connois que deux sortes de douleurs; la douleur actuelle, et la douleur de prévoyance. Je meurs de

Ce plaisir, sans doute, est très vif: toute action de cette espece doit être louée de tous, parcequ'elle est utile à tous. Mais qu'est-ce qu'un homme humain? Celui pour qui le spectacle de la misere d'autrui est un spectacle douloureux.

Né sans idée, sans vices et sans vertu, tout, jusqu'à l'humanité, est dans l'homme une acquisition; c'est à son éducation qu'il doit ce sentiment. Entre tous les divers moyens de l'inspirer, le plus efficace c'est, à l'aspect d'un malheureux, d'accoutumer l'enfant, pour ainsi dire dès le berceau, à se demander par quel hasard il n'est point exposé, comme cet infortuné, aux intempéries de l'air, à la soif, à la faim, à la douleur, etc. L'en-

faim, j'éprouve une douleur actuelle : je prévois que je mourrai bientôt de faim, j'éprouve une douleur de prévoyance dont l'impression est d'autant plus forte que cette douleur doit être

fant a-t-il contracté l'habitude de s'identifier avec les malheureux? cette habitude prise, il est d'autant plus touché de leur misere, qu'en déplorant leur sort, c'est sur l'humanité en général, et par conséquent sur lui-même en particulier, qu'il s'attendrit. Une infinité de sentiments divers se mêlent alors à ce premier sentiment, et de leur assemblage se compose ce sentiment total de plaisir dont jouit une ame noble en secourant un misérable; sentiment qu'elle n'est pas toujours en état d'analyser.

On soulage donc les malheureux,

1°. Pour s'arracher à la douleur physique de les voir souffrir;

2°. Pour jouir du spectacle d'une reconnoissance qui produit du moins en

plus prochaine et plus vive. Le criminel qui marche à l'échafaud n'éprouve encore aucun tourment; mais la prévoyance qui lui rend son supplice présent le commence.

nous l'espoir confus d'une utilité éloignée;

3°. Pour faire un acte de puissance dont l'exercice nous est toujours agréable, parcequ'il rappelle à notre esprit l'image des plaisirs attachés à cette puissance;

4°. Parceque l'idée de bonheur s'associe toujours dans une bonne éducation avec l'idée de bienfaisance, et que cette bienfaisance, en nous conciliant l'estime et l'affection des hommes, peut, ainsi que les richesses, être regardée comme un pouvoir ou un moyen de se soustraire à des peines et de se procurer des plaisirs. Voilà comme d'une infinité de sentiments divers se forme le sentiment total de plaisir qu'on éprouve dans l'exercice de la bienfaisance.

REMORDS.

Le remords n'est que la prévoyance des peines physiques auxquelles le crime nous expose : le remords est par conséquent en nous l'effet de la sensibilité physique. Je frissonne à l'aspect des feux, des roues, des fouets, qu'allume, courbe et tresse au tartare l'imagination du peintre ou du poëte. Un homme est-il sans crainte? est-il au-dessus des lois? c'est sans repentir qu'il commet l'action mal-honnête qui lui est utile ; pourvu néanmoins qu'il n'ait point encore contracté d'habitude vertueuse. Cette habitude prise, on n'en change point sans éprouver un mal-aise et une inquiétude secrete à laquelle on donne encore le nom de remords. L'expérience nous apprend que toute action qui ne nous expose ni aux peines légales ni à celle du déshonneur (a) est en général une action toujours exécutée sans remords. Solon et Platon aimoient les femmes, et même les jeunes gens, et l'avouoient (b). Le vol n'étoit point puni

(a) Si le déshonneur ou le mépris des hommes nous est insupportable, c'est qu'il nous présage des malheurs; c'est que le déshonoré est en partie privé des avantages attachés à la réunion des hommes en société; c'est que le mépris annonce peu d'empressement de leur part à nous obliger; c'est qu'il nous présente l'avenir comme vuide de plaisirs, et rempli de peines, qui toutes sont réductibles à des peines physiques.

(b) Les Gaulois étoient autrefois divisés en une infinité de *clubs* ou *sociétés particulieres*. Ces sociétés étoient composées d'une douzaine de ménages dont les femmes étoient en commun. L'on vivoit avec elles sans remords; mais on n'eût

à Sparte, et les Lacédémoniens voloient sans remords. Les princes d'orient peuvent impunément charger leurs sujets d'impôts, et ils les en accablent. L'inquisiteur peut impunément brûler quiconque ne pense pas comme lui sur certains points métaphysiques, et c'est sans remords qu'il venge par des tourments affreux l'offense légere que fait à sa vanité la contradiction d'un juif ou d'un incrédule. Les remords doivent donc leur existence à la crainte du supplice ou de la honte, toujours réductible, comme je l'ai déja dit, à une peine physique.

AMITIÉ.

C'est pareillement de la sensibilité

osé aimer une femme d'un autre club; la loi le défendoit, et le remords commence où l'impunité cesse.

physique que découlent les larmes dont j'arrose l'urne de mon ami. La mort me l'a-t-elle enlevé? je regrette en lui l'homme dont la conversation m'arrachoit à l'ennui, à ce mal-aise de l'ame qui réellement est une peine physique ; je pleure celui qui eût exposé sa vie et sa fortune pour me soustraire à la mort et à la douleur, et qui, sans cesse occupé de ma félicité, vouloit, par des plaisirs de toute espece, donner sans cesse plus d'extensité à mon bonheur. Qu'on descende, qu'on fouille au fond de son ame, on n'apperçoit dans ces sentiments que les développements du plaisir et de la douleur physique. Que ne peut cette douleur ! Par elle le magistrat enchaîne le vice, et désarme l'assassin.

PLAISIR.

Il est deux sortes de plaisirs, comme

il est deux sortes de douleurs; l'un est le plaisir physique, l'autre le plaisir de prévoyance. Un homme aime-t-il les belles esclaves et les beaux tableaux? s'il découvre un trésor, il est transporté. Cependant il n'éprouve encore aucun plaisir physique, j'en conviens; mais il acquiert en ce moment les moyens de se procurer les objets de ses desirs. Or, cette prévoyance d'un plaisir prochain est déja un plaisir. Sans amour pour les belles esclaves et les beaux tableaux, il eût été indifférent à la découverte de ce trésor.

Les plaisirs de prévoyance supposent donc toujours l'existence des plaisirs des sens. C'est l'espoir de jouir demain de ma maîtresse qui me rend heureux aujourd'hui. La prévoyance ou la mémoire convertit en jouissance réelle l'acquisition de tout moyen propre à me procurer des plaisirs. Par quel motif, en effet, éprouvé-je une sensation agréable chaque fois que j'obtiens un nouveau degré d'estime, de considération, de richesses, et sur-tout de pouvoir? C'est que je regarde le pouvoir comme le plus sûr moyen d'accroître mon bonheur.

POUVOIR.

Les hommes s'aiment eux-mêmes : tous desirent d'être heureux, et croient qu'ils le seroient parfaitement s'ils étoient revêtus du degré de puissance nécessaire pour leur procurer toute espece de plaisir. Le desir du pouvoir prend donc sa source dans l'amour du plaisir.

Supposons un homme absolument insensible. Quel cas feroit-il du pouvoir et du sceptre des rois? Aucun. En effet, quel degré de bonheur cet immense pouvoir ajouteroit-il à la félicité d'un homme impassible?

Si la puissance est si desirée de l'ambitieux, c'est comme un moyen d'acquérir des plaisirs. Le pouvoir est, comme l'argent, une monnoie. L'effet du pouvoir et de la lettre de change est le même. Suis-je muni d'une telle lettre? je touche à Londres ou à Paris cent mille francs ou cent mille écus, et par conséquent tous les plaisirs dont cette somme est représentative. Suis-je muni d'une lettre de commandement ou de pouvoir? je tire pareillement à vue sur mes concitoyens telle quantité de denrées ou de plaisirs. Les effets de la richesse et du pouvoir sont à-peu-près semblables, parceque la richesse est un pouvoir.

Dans un pays où l'argent seroit inconnu, de quelle maniere percevroiton les impôts ? En nature, c'est-à-dire en bled, vin, bestiaux, fourrages, graine, gibier, etc. De quelle maniére y feroit-on le commerce ? Par échange. L'argent doit donc être regardé comme une marchandise portative avec laquelle on est convenu, pour la facilité du commerce, d'échanger toutes les autres marchandises. En seroit-il de même des dignités et des honneurs avec lesquels les peuples policés récompensent les services rendus à la patrie ? Pourquoi non ? Que sont les honneurs ? Une monnoie pareillement représentative de toute espece de denrées et de plaisirs. Suppòsons un pays où la monnoie des honneurs n'eût point cours ; supposons un peuple trop libre et trop fier pour supporter une trop grande négalité dans les conditions des citoyens, et donner aux uns trop d'autorité sur les autres ; de quelle maniere ce peuple récompenseroit-il les actions grandes et utiles à la patrie? Par des biens et des plaisirs en nature, c'est-à-dire par le transport de tant de grains, biere, foin, vin, etc., dans la cave ou le grenier d'un héros ; par le don de tant d'arpents de terre à défricher, ou de tant de belles esclaves. C'étoit par la possession de Briséis (a)

(a) Dans l'île de Rimini, nul ne peut se marier qu'il n'ait tué un ennemi et n'en ait apporté la tête. Le vainqueur de deux ennemis a droit d'épouser deux femmes, ainsi de suite jusqu'à cinquante. A quelle cause attribuer l'établissement d'une pareille coutume? A la position de ces insulaires, qui, par-tout environnés de nations ennemies, ne pourroient leur résister si, pour exciter perpétuellement la valeur de leurs citoyens, ils n'attachoient les plus grandes récompenses au courage.

que les Grecs récompensoient la valeur d'Achille. Quelle étoit chez les Scandinaves, les Saxons, les Scythes, les Celtes, les Samnites, les Arabes (a), la récompense du courage, des talents, et des vertus? Tantôt le don d'une belle femme; tantôt une invitation à des festins où, nourris de mets délicats, abreuvés de liqueurs agréables, les guerriers écoutoient avec transport les chansons des bardes.

Il est donc évident que, si l'argent et les honneurs sont, chez la plupart

(a) Entre les présents que les caravanes font encore aujourd'hui aux Arabes du désert, les plus agréables sont des filles nubiles. C'étoit le tribut que les Sarrasins vainqueurs exigeoient jadis des vaincus. Abdérame, après la conquête des Espagnes, exigea du petit prince des Asturies un tribut annuel de cent belles filles.

des peuples policés, les récompenses des actions vertueuses, c'est comme représentatifs des mêmes biens et des mêmes plaisirs que les peuples pauvres et libres accordoient en nature à leurs héros, et pour l'acquisition desquels ces héros s'exposoient aux plus grands dangers. Aussi, dans la supposition où ces dignités et ces honneurs ne fussent plus représentatifs de ces denrées et de ces plaisirs, dans l'hypothese où ces honneurs ne seroient que de vains titres (a), ces titres, ap-

(a) Si dans les pays despotiques le ressort de la gloire est communément très foible, c'est que la gloire n'y donne aucune espece de pouvoir; c'est que tout pouvoir est absorbé dans le despote; c'est qu'en ces pays un héros couvert de gloire n'est point à l'abri de l'intrigue du plus vil courtisan. Pourquoi l'Anglais ne voit-il dans la plupart des seigneurs

préciés à leur juste valeur, cesseroient bientôt d'être un objet de desir. Il faut, pour aller à la sape, que l'écu donné au soldat soit représentatif d'une pinte d'eau-de-vie et de la nuit d'une vivandiere. Les soldats d'autrefois et les soldats d'aujourd'hui sont les mêmes (a). L'homme n'a pas

étrangers que des valets décorés, et des victimes parées de guirlandes? C'est qu'un paysan est plus vraiment grand en Angleterre que ne l'est ailleurs un homme en place. Ce paysan est libre; il peut être impunément vertueux; il ne voit rien au-dessus de lui que la loi. C'est le desir de la gloire qui, dans les républiques pauvres, doit être le plus puissant principe de leur activité; et c'est le desir de l'argent, fondé sur l'amour du luxe, qui, dans les pays despotiques, est le principe d'action et la force motrice des nations soumises à ce gouvernement.

(a) On sait que l'irruption de Brennus

changé ; et, pour les mêmes récompenses, il fera en tous les temps à-peu-près les mêmes actions. Le suppose-t-on indifférent au plaisir et à la douleur? il est sans action ; il n'est susceptible ni de remords, ni d'amitié, ni enfin de l'amour des richesses et du pouvoir ; parcequ'on est nécessairement insensible aux moyens d'acquérir du plaisir lorsqu'on l'est au plaisir même. Ce qu'on cherche dans la richesse et la puissance, c'est le moyen de se soustraire à des peines,

en Italie ne fut pas la premiere, mais la cinquieme qu'y firent les Gaulois. Avant lui, Bellovesus y étoit descendu. Mais comment ce chef engageoit-il ses compatriotes à le suivre au-delà des Alpes? En leur envoyant du vin d'Italie. « Goû-
« tez ce vin, leur écrivoit-il ; et, si vous
« le trouvez bon, venez avec moi faire
« la conquête du pays qui le produit. »

et de se procurer des plaisirs physiques. Si l'acquisition de l'or et du pouvoir est toujours un plaisir, c'est que la prévoyance et la mémoire convertissent en plaisir réel tous les moyens d'en avoir. Dans l'homme tout est sentir; sa sociabilité même n'est en lui qu'une conséquence de cette faculté.

CHAPITRE VIII.

De la sociabilité.

L'HOMME est de sa nature et frugivore et carnassier. Il est d'ailleurs foible, mal armé, par conséquent exposé à la voracité des animaux plus forts que lui. L'homme, ou pour se nourrir, ou pour se soustraire à la fureur du tigre et du lion, dut donc se réunir à l'homme. L'objet de cette union fut d'attaquer, de tuer les animaux (a), ou pour les manger, ou pour défendre contre eux les fruits ou les légumes qui lui servoient de nourriture. Cependant l'homme se multiplia, et, pour vivre, il lui fallut cultiver la terre. Pour l'engager à semer il falloit que la récolte appartînt à l'agriculteur. A cet effet les citoyens firent entre eux des conventions et des lois. Ces lois resserrerent les liens d'une union qui, fondée sur leurs besoins, étoit l'effet immédiat de la sensibilité physique (b). Mais leur sociabilité ne

(a) Il y a, dit-on, en Afrique une espece de chiens sauvages qui, par le même motif, vont en meute faire la guerre aux animaux plus forts qu'eux.

(b) De ce que l'homme est sociable on en a conclu qu'il étoit bon ; on s'est trompé. Les loups font société, et ne sont pas bons. J'ajouterai même que, si

peut-elle pas être regardée comme une qualité innée, une espece de beau moral? Ce que l'expérience nous apprend à ce sujet, c'est que, dans l'homme comme dans l'animal, la sociabilité est l'effet du besoin. Si

l'homme, comme le dit M. de Fontenelle, a fait Dieu à son image, le portrait effrayant qu'il fait de la divinité doit rendre la bonté de l'homme très suspecte. On reproche à Hobbes cette maxime, *L'enfant robuste est l'enfant méchant :* il n'a fait cependant que répéter en d'autres termes ce vers si admiré de Corneille,

Qui peut tout ce qu'il veut veut plus que ce qu'il doit;

Et cet autre vers de la Fontaine,

La raison du plus fort est toujours la meilleure.

Ceux qui font le roman de l'homme blâment cette maxime de Hobbes, ceux qui en font l'histoire l'admirent; et la nécessité des lois en prouve la vérité.

celui de se défendre rassemble en troupeau ou société les animaux pâturants, tels que les bœufs, les chevaux, etc.; le besoin d'attaquer, chasser et combattre leur proie, réunit pareillement en société les animaux carnassiers, tels que les renards et les loups.

L'intérêt et le besoin sont le principe de toute sociabilité. Ce principe, dont peu d'écrivains ont donné des idées nettes, est donc le seul qui unisse les hommes entre eux. Aussi la force de leur union est-elle toujours proportionnée à celle et de l'habitude et du besoin. Du moment où le jeune sauvage et le jeune sanglier sont en état de pourvoir à leur nourriture et à leur défense, ils quittent, l'un la cabane, l'autre la bauge de ses parents (a). L'aigle méconnoît ses ai-

(a) Rien de plus commun en Europe

glons au moment qu'assez rapides pour fondre sur leur proie ils peuvent se passer de son secours.

Le lien qui unit les enfants au pere et le pere aux enfants est moins fort qu'on ne l'imagine. La trop grande force de ce lien seroit même funeste aux états. La premiere passion du citoyen doit être celle des lois et du bien public. Je le dis à regret, l'amour filial doit être subordonné dans l'homme

que de voir des fils délaisser leur pere, lorsque vieux, infirme, incapable de travailler, il ne vit plus que d'aumônes. On voit dans les campagnes un pere nourrir sept ou huit enfants, et sept ou huit enfants ne pouvoir nourrir un pere. Si tous les fils ne sont pas aussi durs, s'il en est de tendres et d'humains, c'est à l'éducation et à l'exemple qu'ils doivent leur humanité : la nature en avoit fait de petits sangliers.

à l'amour patriotique. Si ce dernier amour ne l'emporte sur tous les autres, où trouver une mesure du vice et de la vertu? Dès lors il n'en est plus, et toute morale est détruite.

Par quelle raison, en effet, auroit-on par-dessus tout recommandé aux hommes l'amour de Dieu ou de la justice? C'est qu'on a confusément senti le danger auquel les exposeroit un trop excessif amour de la parenté. Qu'on en légitime l'excès, qu'on le déclare le premier des amours; un fils est dès lors en droit de piller son voisin, ou de voler le trésor public, soit pour soulager le besoin d'un pere, soit pour augmenter son aisance. Autant de familles, autant de petites nations, qui, divisées d'intérêt, seront toujours armées les unes contre les autres.

Tout écrivain qui, pour donner

bonne opinion de son cœur, fonde la sociabilité sur un autre principe que sur celui des besoins physiques et habituels, trompe les esprits foibles, et leur donne de fausses idées de la morale.

La nature a voulu sans doute que la reconnoissance et l'habitude fussent dans l'homme une espece de gravitation qui le portât à l'amour de ses parents; mais elle a voulu aussi que l'homme trouvât dans le desir naturel de l'indépendance une force répulsive qui diminuât du moins la trop grande force de cette gravitation. Aussi la fille sort-elle joyeuse de la maison de sa mere pour passer dans celle de son mari; aussi le fils quitte-t-il avec plaisir les foyers paternels pour occuper une place dans l'Inde, exercer une charge en province, ou simplement pour voyager.

Malgré la prétendue force du sentiment, et de l'amitié, et de l'habitude, on change à Paris tous les jours de quartier, de connoissances, et d'amis. Veut-on faire des dupes? l'on exagere la force du sentiment et de l'amitié; l'on traite la sociabilité d'*amour* ou de *principe inné*. Peut-on de bonne foi oublier qu'il n'est qu'un principe de cette espece, la sensibilité physique?

C'est à ce seul principe qu'on doit et l'amour de soi et l'amour si puissant de l'indépendance. Si les hommes étoient comme on le dit portés l'un vers l'autre par une attraction forte et mutuelle, le législateur céleste leur eût-il commandé de s'aimer, leur eût-il ordonné d'aimer leurs peres et meres? ne se fût-il pas reposé de ce soin sur la nature, qui, sans le secours d'aucune loi, force l'homme de manger et boire lorsqu'il a faim et soif, d'ouvrir ses yeux à la lumiere, et de retirer son doigt du feu?

Les voyageurs ne nous apprennent point que l'amour de l'homme pour ses semblables soit si commun qu'on le prétend. Le navigateur échappé du naufrage et jeté sur une côte inconnue ne va pas les bras ouverts se jeter au cou du premier homme qu'il y rencontre ; il se tapit au contraire dans un buisson : c'est de là qu'il étudie les mœurs des habitants, et de là qu'il sort tremblant pour se présenter à eux.

Mais qu'un de nos vaisseaux européens aborde une île inconnue, les sauvages, dira-t-on, n'accourent-ils pas en foule vers le navire? Cette vue sans doute les surprend. Les sauvages sont frappés de la nouveauté de nos habits, de nos parures, de nos armes, de nos outils ; ce spectacle excite leur étonnement. Mais quel desir succede en eux à ce premier sentiment? Celui de s'approprier les objets de leur admiration. Devenus alors moins gais et plus rêveurs, ils s'occupent des moyens d'enlever par adresse ou par force ces objets de leurs desirs ; ils épient à cet effet le moment favorable de voler, piller, et massacrer les Européens, qui, dans leur conquête du Mexique et du Pérou, leur ont d'avance donné l'exemple de pareilles injustices et cruautés.

La conclusion de ce chapitre, c'est que les principes de la morale et de la politique, comme tous les principes des autres sciences, doivent s'établir sur un grand nombre de faits et d'observations. Or, que résulte-t-il des observations faites jusqu'à présent sur la morale ? C'est que l'amour des hommes pour leurs semblables est un effet de la nécessité de s'entre-secourir, et d'une infinité de besoins dépendants de cette même sensibilité physique que je regarde comme le principe de nos actions, de nos vices, et de nos vertus.

En conservant mon opinion sur ce point, je crois devoir défendre le livre de l'*Esprit* contre les imputations odieuses du cagotisme et de l'ignorance.

CHAPITRE IX.

*Justification des principes admis dans le livre de l'*Esprit.

LORSQUE le livre de l'*Esprit* parut, les théologiens me traiterent de corrupteur des mœurs. Ils me reprochoient d'avoir soutenu, d'après Platon, Plutarque, et l'expérience, que l'amour des femmes avoit quelquefois excité les hommes à la vertu.

Le fait cependant est notoire : leur reproche est donc absurde. Si le pain, leur dit-on, peut être la récompense du travail et de l'industrie, pourquoi pas les femmes (a)? Tout objet desiré

(a) Si le besoin de la faim est le principe de tant d'actions, et s'il a tant de pouvoir sur l'homme, comment imaginer que le besoin des femmes soit sur lui

peut devenir un encouragement à la vertu, lorsqu'on n'en obtiendra la jouissance que par des services rendus à la patrie.

Dans les siecles où les invasions des peuples du nord et les incursions d'une infinité de brigands tenoient toujours les citoyens en armes, où les femmes, souvent exposées aux insultes d'un

sans puissance? Qu'au moment où l'adolescent est échauffé des premiers rayons de l'amour on lui en propose les plaisirs comme prix de son application; qu'on lui rappelle jusques dans les bras de sa maîtresse que c'est à ses talents et à ses vertus qu'il doit ses faveurs; ce jeune homme, docile, appliqué, vertueux, goûtera alors, d'une maniere utile à sa santé, à son ame, à son esprit, enfin au bien public, les mêmes plaisirs dont il n'eût joui dans une autre position qu'en s'épuisant, en s'abrutissant, en se ruinant, et en vivant dans la crapule.

ravisseur, avoient perpétuellement besoin de défenseurs, quelle vertu devoit être la plus honorée? La valeur. Aussi les faveurs des femmes étoient-elles la récompense des plus vaillants; aussi tout homme jaloux de ces mêmes faveurs devoit-il pour les obtenir s'élever à ce haut degré de courage qui animoit encore il y a quatre siecles tous les preux chevaliers.

L'amour du plaisir fut donc en ces siecles le principe productif de la seule vertu connue, c'est-à-dire de la valeur. Aussi, lorsque les mœurs changerent, lorsque la police plus perfectionnée mit la vierge timide à l'abri de toute insulte, alors la beauté (car tout se tient dans un gouvernement), moins exposée aux outrages d'un ravisseur, honora moins ses défenseurs. Si l'enthousiasme des femmes pour la valeur décrut alors dans la proportion de leur crainte; si l'estime conservée encore aujourd'hui pour le courage n'est plus qu'une estime de tradition; si dans ce siecle l'amant le plus jeune, le plus assidu, le plus complaisant, et surtout le plus riche, est communément l'amant préféré; qu'on ne s'en étonne point; tout est ce qu'il doit être.

Les faveurs des femmes, selon les changements arrivés dans les mœurs et les gouvernements, ou sont, ou cessent d'être, des encouragements à certaines vertus. L'amour en lui-même n'est donc point un mal. Pourquoi regarder ses plaisirs comme la cause de la corruption politique des mœurs? Les hommes ont eu dans tous les temps à-peu-près les mêmes besoins, et dans tous les temps ils les ont satisfaits. Les siecles où les peuples ont été plus adonnés à l'amour furent ceux où les hommes étoient le plus forts et le plus robustes. L'Edda, les poésies erses, enfin toute l'histoire nous apprend que les siecles réputés héroïques et vertueux n'ont pas été les plus tempérants.

La jeunesse est fortement attirée vers les femmes ; elle est plus avide de plaisir que l'âge avancé: cependant elle est communément plus humaine et plus vertueuse ; elle est au moins plus active, et l'activité est une vertu.

Ce n'est ni l'amour ni ses plaisirs qui corrompirent l'Asie, amollirent les mœurs des Medes, des Assyriens, des Indiens, etc. Les Grecs, les Sarrasins, les Scandinaves, n'étoient ni plus réservés ni plus chastes que ces Perses et ces Medes ; et cependant ces premiers peuples n'ont jamais été cités parmi les peuples efféminés et moux.

S'il est un moment où les faveurs

des femmes puissent devenir un principe de corruption, c'est lorsqu'elles sont vénales, lorsqu'on achete leur jouissance, lorsque l'argent, loin d'être la récompense du mérite et des talents, devient celle de l'intrigue, de la flatterie, et qu'enfin un satrape ou un nabab peut, à force d'injustices et de crimes, obtenir du souverain le droit de molester, de piller les peuples de son gouvernement, et de s'en approprier les dépouilles.

Il en est des femmes comme des honneurs, ces objets communs du desir des hommes. Les honneurs sont-ils le prix de l'iniquité? faut-il pour y parvenir flatter les grands, sacrifier le foible au puissant, et l'intérêt d'une nation à l'intérêt d'un soudan? alors les honneurs, si heureusement inventés pour la récompense et la décoration du mérite et des talents, deviennent une source de corruption. Les femmes, comme les honneurs, peuvent donc, selon les temps et les mœurs, successivement devenir des encouragements au vice ou à la vertu.

La corruption politique des mœurs ne consiste donc que dans la dépravation des moyens employés pour se procurer des plaisirs. Le moraliste austere qui prêche sans cesse contre les plaisirs n'est que l'écho de sa mie ou de son confesseur. Comment éteindre tout desir dans les hommes sans détruire en eux tout principe d'action? Celui qu'aucun intérêt ne touche n'est bon à rien et n'a d'esprit en rien.

FIN DU TOME SEPTIEME.

www.ingramcontent.com/pod-product-compliance
Ingram Content Group UK Ltd.
Pitfield, Milton Keynes, MK11 3LW, UK
UKHW021048220726
13924UKWH00005B/2059